渋沢栄一と安岡正篤で読み解く論語

安

プレジデント社

まえがき

長く『論語』を読んできた私には、漢学者だった祖父・安岡正篤ともう一人、『論語』を通して関心を持ってきた人物がいました。「日本資本主義の父」渋沢栄一です。祖父同様、彼もまた、『論語』を活かして大きな仕事を成し遂げた人物です。

本書の企画が決定してから、渋沢栄一と安岡正篤の著作に改めて向かい合う時間を持つことができました。まさに自分の中の機が熟したという感じでした。そういうときには、今までに見えなかったものが見え、気づかなかったことが心に引っかかってくるものです。

歴史を振り返れば、偉人・賢人といわれる人物は数多いますが、渋沢栄一ほど、のちの世に物質的・精神的に大きな影響を与えた人物はいません。大きな功績の下には必ず志があり、それを実現させるだけの能力と実行力があります。産業だけにとどまらず、教育、福祉にまで及ぶ先見性と視野の広さには敬服するばかりです。

安岡正篤は東洋の古典をこよなく愛し、人物を育てることに徹していました。常に視線は天下・国家に向いていました。穏やかで優しく、寡黙な姿しか印象にありませんが、戦中戦後の厳しい局面を生き抜いてきたときの心情は、きっと誰にも語らずに世を去ったと思います。

二人の精神世界に触れたとき、私はまずその表現力、語彙力、的確さに圧倒されました。しかも情熱と品格をも備えていることに、憧れさえ感じました。漢籍を読んで血肉としてきた世代には私たちはとてもかないません。

皆さまには、『論語』を通して両氏の人間像を感じ取っていただきたいですが、文章そのものも是非味わってください。渋沢栄一の『論語講義』、安岡正篤の『論語の活学』。それぞれに違う視点で『論語』を読んでいますが、世を憂い、理想を求め、若者に向けてメッセージを発信している点は共通しています。

現代に生きる私たちは不安や迷いを抱えています。世界は閉塞感や危機感に覆われています。誰もがそこから逃れたいと思います。そして知識や技術、経験をもって解決しようと試みます。しかし意外にも私たちを救ってくれるのは、幼い頃から育まれてきたよき習慣や精神世界、あるいは書物の中で出会った先哲の言葉だったりします。知識や技術は実学といえます。成果が見えやすく、評価もできます。語学やプログラミングといった現代の必須科目も、これに含まれます。一方、信頼、協調、洞察力、思考力、品格といったものは人間学の範疇といえるでしょう。これらは一律には評価ができません。順境のときには見えませんが、むしろ逆境のときにこそ、その真価が発揮されます。さらに長期的、継続的に育まれていくものです。

合理的なものと情緒的なもの。短期的なものと長期的なもの。見えるものと見えないもの。これらの相反するものは、バランスよく両方が必要です。渋沢栄一が唱えた『論語と算盤』はまさに最高のバランスです。古典中の古典といわれる『論語』を心の拠《よ》り所《どころ》とし、実社会ではヨーロッパに後れを取っていた経済の発展に尽力する。理想の生き方です。

安岡正篤については、これまで多くを語ることはできませんでした。それは二十数年一緒に暮らした家族だからです。今回、ようやく一人の先哲として、素直な気持ちで向かい合うことができました。日常見せた表情の奥を、少し覗《のぞ》いた感じがしました。

さまざまな読み方で楽しめるのが古典の魅力です。どうぞ二人の先哲を道案内にして、『論語』の世界を存分に楽しんでください。そしてそれぞれの生き方からも大いに刺激を受けてください。

目次

第三章　ビジネスの教科書とした渋沢栄一――107

第六章　埼玉に縁のある二人の巨人に学ぶ——249

造本装幀　岡　孝治＋森　繭

第一章　渋沢栄一と安岡正篤と私

祖父の唯一のアドバイス

祖父・安岡正篤《まさひろ》が六三歳のとき、この世に生まれてきた私に、祖父は「安岡定子推命控」というものを書いてくれました。これには「定子」という名前の出典、四柱推命《しちゅうすいめい》による将来の展望などが書かれています。私の場合は、

名　定子
出典　禮記　昏定而晨省

とあります。「昏定而晨省」とは、『禮記《らいき》』曲禮篇にある、子の親に対する礼について述べられた部分です。

凡爲人子之禮、冬溫而夏凊、昏定而晨省。在醜夷不爭。

「親に対しては寒さの厳しい冬には温かく、夏は涼しく過ごせるように、また夜は安らかに眠れるように気づかい、朝には元気でいるか、たずねてみる。そして家の外では、友とは常に仲良くし、決して争いはしない」というように、「孝」の概念について述べられ

ている部分です。この中で「定」は「やすらか」と読まれています。

祖父が亡くなってから、祖父の著書に、子どもに命名するのはその子の人生に哲学を与えることなのだ。決しておろそかにつけてはいけない。これしかないという必然の名前をその子のためにつけることが、名づける人の務めだと書かれているのを読んだことがあります。また、ちょうど私が生まれたとき、仕事で祖父と一緒にいらした関西の経営者の方から、「先生は、まもなく孫が生まれてくるが、予定日どおりに生まれてきたらいい星回りなんだと嬉しそうに話しておられた。それがあなたのことだったんですよ」とのお話もうかがいました。

祖父は、果たしてどのような考えから「定子」と名づけたのか、祖父が亡くなったときは、まだ大学生で、自分の名前について深く考えたことのなかった私は、祖父に尋ねたことはありませんでした。とても残念なことだったと思います。しかし、この「安岡定子推命控」は、私の宝物です。見る度《たび》に、いつも祖父を身近に感じられます。

いろいろな方から「定子さんは、何歳ごろからおじいさまと『論語』の素読《そどく》をしていらしたのですか」と聞かれますが、残念ながらそのような機会は一度もありませんでした。

私が『論語』と出会い、論語塾の講師をすることになったのは、もちろん、祖父の存在抜きにはあり得ませんが、祖父が家で『論語』の話をしてくれたとか、祖父と一緒に『論語』を読んだことはありませんでした。祖父がそばにいてくれたことが、自然に私を『論語』に近づけてくれたのだと思います。

私が祖父と一緒に暮らしたのは、生まれてから祖父が亡くなる大学四年生までの二十数年間でした。家にいるときはほとんど書斎で過ごしていましたが、食事のときは必ず家族と一緒でした。しかし実際には、外出している時間が圧倒的に長かったです。

いったいどのような仕事をしているのか不思議でした。自分が本当の意味で大人になったときに、ようやく理解できたように思います。ただ、漢学者という仕事柄、祖父の書斎や書庫には関連する書籍がたくさんあって、日常的に目にする機会があったことや、日常の会話の中で『論語』や漢詩の一節が自然に引用されていることも多く、そのときの言葉のリズムが、子どもながら、とても心地よく感じられました。

そんな影響もあったのか、私は子どもの頃から本を読むことが好きで、いつの頃からか国語の先生になりたいと考えるようになりました。高校生になると、中でも漢文が好きになり、大学受験を控えたある日、祖父に「大学で漢文を学びたい」と話しました。そのとき、祖父は初めて反応して、嬉しそうににこにこしていたことをよく覚えています。

そして、すぐに答えが返ってきました。「本当に漢文を学ぼうと思ったら、日本で一番先生が充実している二松学舎大学にしなさい」と。二十数年一緒に暮らしてきて、「勉強はどうだ」とか「成績はどうだ」とか一度も聞かなかった祖父の唯一のアドバイスでした。

『論語』へと導いてくれた二人の恩師

私は大学生になって初めて、祖父が親しみ、心の糧とした中国思想哲学の古典を学びました。一年生の必修教科、『孟子《もうし》』を習ったのは陽明学の研究者、中田勝《なかたまさる》先生です。

大学に入ったばかりの最初の『孟子』の授業が終わって教室を出ようとしたとき、中田先生に「定子くん、ちょっと」と呼ばれました。入学してまもなく、緊張しながら受けた大切な必修教科の授業で、いきなり先生に名前を呼ばれて、さらに緊張感が高まり、不安な気持ちになりましたが、次の先生のひと言は意外なものでした。「一緒に漢文の読み方のお勉強をしませんか。昼休みの空いている時間に私の部屋にいらっしゃい」と。

さっそく翌日の昼休みに中田先生の研究室を訪ねてみると、三、四年生の中田ゼミの先輩たちが輪読会をやっていました。中田先生に「定子くんは横で聞いてるだけでいいから」と声をかけていただいて、先輩たちが順番に読んでいるのを横で聞いていました。それを一年続けていると、漢文の読み方の基本、先輩たちの勉強の仕方が何となくわかってきて、とてもいい経験になりました。学生時代の勉強は、漢文を正確に読み、正確に内容を把握できるようになることが優先されます。中身を味わうとか、それを自分の人生に重ね合わせて深く理解するところまで到達することはできませんでしたが、後から振り返ってみると、大学四年間で漢文の基礎をしっかりと身につけることができたことが、現在の私を支えてくれていると実感しています。祖父と同じ陽明学を専攻して、中田先生には、その後も、ゼミや卒論指導などでお世話になりました。

卒業が決まり、中田先生の研究室にご挨拶に行ったときのことでした。入学以来お世話になったことに対するお礼を申し上げた私に、中田先生はこんな話を聞かせてくれました。

「実は定子くんの入学が決まったとき、安岡正篤先生がわざわざ電話をかけてこられて、『今度、孫が漢文をやることになりましたので、よろしくお願いいたします』とおっしゃられたのです。また、明るく弾んだ声で『私は、天下国家のことは何が起こっても動じませんが、孫のことは別でございます』と付け加えられました」と。

中田先生は、このとき、「これは大変なことになった」と緊張されると同時に、いろいろ工夫して定子くんを育てようと考えたと、楽しそうにお話ししてくださいました。

「めでたく卒業が決まって、ようやく安岡先生に大事なお預かり物をお返しできます」との言葉を聞いて、この四年間、そういう気持ちで私を指導してくださったのかと中田先生のやさしさをしみじみと感じました。また、祖父が中田先生にそんな電話をかけていたことを、このとき初めて知りました。

もし祖父が存命であれば、このエピソードについて聞いてみたいところでしたが、残念ながらそれはかないませんでした。家で接しているときの祖父は、そんな素振りなど全く見せずにいつも淡々と私とつきあってくれていました。この話を聞いたときは、普段の様子と中田先生に電話したときの様子とに、あまりにもギャップがあり、思わずひとりでクスッと笑ってしまいました。祖父らしい愛情の示し方だったのでしょう。

結婚して三〇代となり、二人の子どもも小学生となって子育ても一段落、ようやく少し自分の時間が持てるようになったとき、もう一度古典を学びたいという気持ちが自然と湧いてきました。古典の世界へと通じる祖父の書斎や書庫を懐かしく思い出し、祖父がいつも身近に置いて心の糧としていたものは、一体どんなものなのか知りたいという気持ちをずっと持ち続けていたことにも気づいたのです。

そこで、育児や家事に支障のない昼間の講座を探したところ、住まいのある東京都文京区が主催する漢学者・田部井文雄《たべいふみお》先生の論語講座に出会いました。区民のための社会人向け三カ月の短期集中講座でした。この講座に出会ったことが、今日にいたるまで『論語』

と関わっていく私のスタートとなりました。夢中になって講座に通う私の姿を見て、母は、「二松学舎大学に行ってよかったわね。二松で基礎を学んだからこそ、年を経ても、また学び直しができるのね」と言ってくれました。祖父のアドバイスのおかげです。

田部井先生の論語講座の特色は、『論語』の章句の解説から入るのではなく、『論語』に登場する孔子や弟子たちをはじめとした人物像の解説から入るところでした。

まず、登場人物の生い立ちや人柄、関係性などの解説の後、人物の発言について解説してくださいます。そのため章句の深い意味もさることながら、仕官を求めての長く過酷な放浪の旅の途中での孔子と弟子たちの問答が、冒険物語の中の一場面のように感じられて面白かったのです。田部井先生は中国文学、中でも詩の研究者で、「漢文の研究者で『論語』をやらない人はいないし、人間の物語としてこれほど面白い読み物はない。『論語』は決して難しいものではなく、所詮《しょせん》人間模様です」と話してくださいました。

あっという間に三カ月の短期集中講座は終了し、もっと田部井先生の話を聞きたいと思った私は、次に湯島聖堂の田部井先生の講座に通いました。そして文京区主催の短期講座以来の仲間たちと一緒に、親子のための論語塾を立ち上げようという話で盛り上がり、文京区小石川の徳川家康公の生母・於大《おだい》の方の菩提寺、伝通院《でんつういん》さんの会場をお借りして始めたのが、現在のこども論語塾の始まりです。

思い立ったらすぐやる。行動は敏《びん》であるべし、と孔子は説いていますが、このとき背中を押してくださった田部井先生は、まさにそうでした。

まわりから「講師は定子さんにお願いしましょう」と勧められましたが、まだ学んでいる途上であり、学者でもない自分が論語塾の講師などしてもよいのか、としり込みする私を、「仕事は走りながらやりなさい。自分が成長するチャンスだと思いなさい。今、持っているものを活かさないでどうするんですか」と励ましてくださいました。

持っているものを活かす。田部井先生のその言葉を聞いたとき祖父の顔を思い浮かべました。活かしてこそ学問。『論語』を学んで活学としなければいけない。祖父の考えていたことと同じことを言ってくださっている。そう思えたのです。この論語塾で、通ってくる親子と一緒に『論語』の五〇〇の章句を六年かけてすべて読み切ることができました。

やがて、この論語塾がきっかけで、「定子さんが授業でお話ししていることを、そのまま本にしませんか」というお話をいただきました。このときも田部井先生は、「読み方や、本来の解釈の仕方など、学術的なことは私が後ろ盾になりますから、定子さんは、一つ一つの章句について、読者に読み取ってほしい、伝えたいと思うことを納得がいくまで考えて書きなさい」と支援をしてくださいました。また、「定子さんがやっている子ども向け論語塾の本なのだから、タイトルは『こども論語塾』がいいでしょう。『こども』と、平仮名の方が親しみやすく、ふんわりした定子さんの雰囲気が出ていいと思います」と、本のタイトルのアイデアまでいただきました。おかげで『こども論語塾』は大変多くの方々に読まれ、お子さん向け論語塾の教科書として現在も使っています。

その後、伝通院の論語塾に通われていた方から大人向けの論語講座をやってもらえないか、伝通院の内容と同じものをうちでもやってもらえないか、などとお声をかけていただくようになりました。田部井先生に推薦していただき、湯島聖堂でも、大人向け、お子さん向けの論語講座で講師を務めるようになりました。現在では、こども論語塾と大人論語塾、そして最近増えてきた企業向けの研修が、ほぼ三分の一ずつの割合になりました。

大学で漢文の基礎を丁寧に沁み込ませてくださった中田勝先生、『論語』の面白さや味わい深さ、またそれを伝える方法を教えてくださった田部井文雄先生、このお二人の先生が、私にとってかけがえのない恩師です。論語塾の講師として、日々、多くの方々と『論語』を素読したり、孔子の言葉や行動の意味を学ぶ日々を送りながら、先生方が私をどのように指導してくださったか、またどんな言葉をかけてくださったかを思わない日はありません。よきご縁を大切にすることで、よき人に出会い、よき人からよい影響を存分に受けることで自分自身が成長できるという孔子の考え方、それを実践されているお二人と出会えたことは私にとって幸せなことでした。

お二人はすでに亡くなられ、寂しい気持ちと共に、後ろ盾を失った心細さを感じることもあります。私はお二人のような立派な学者ではありませんが、子どもたちの将来がよりよいものになるように願う気持ちは、先生方と同じです。論語塾で楽しく『論語』を学んだという記憶が心の支えとなって、厳しいことも多い人生を生き抜いていけるよう、子どもたちを育てていくことが、お二人の期待に応えることではないかと思えるようになりました。

そして、このよきご縁をつくってくれた祖父のことを改めて思い起こします。一緒に暮らした約二〇年の間、祖父は常に、よき習慣を身につけること、正しく美しい言葉遣い、人を大切にして誰に対しても同じように接すること、わからないことはそのままにせず、自分で調べるなど、ごく当たり前の、しかし実践することが実は難しい、人としてあるべき姿を示し続けてくれました。こうしなさい、ああしなさい、と言葉で注意するのではなく、自ら実践しながら、気長に私が気づくまで待っていてくれたことに、気づくことができました。

親御さんから、ときどき「『論語』を読むと、どんないいことがありますか」と聞かれることがあります。学校の成績が上がるとか、記憶力がよくなるとか、性格が素直になるとか、そんな具体的な効用を期待しているのでしょう。その問いに対して、私は長い間、明確に答えられないもどかしさを感じていました。

しかし、現在は、こうお答えすることに迷いを感じなくなりました。「『論語』を学ぶことは、こうやったら、こうなります、というような、今すぐ成果を出せるハウツーを勉強することとは違います。『論語』はお子さんの身体に静かに、着実に沁み込んでいき、成長して年齢にふさわしい経験や知識が身についたとき、ふと『論語』の章句が腑《ふ》に落ちて、お子さんの心の支えになる日が訪れます。さらに社会経験を積んで、社会の中核を担う立場に立ったとき、『論語』は、お子さんが的確な判断や行動ができるように導く、ぶれない軸となるでしょう。ですから、今はお子さんが『論語』を楽しんでいる姿を見守ってあげてください。お気に入りの章句を暗記できたら褒めてあげてください」と。

学問とは何かを教えてくれた

ここからは祖父の思い出を、少し綴《つづ》ってみたいと思います。

祖父は、筆記用具や書道道具など文房具であれば何にでも関心を持っていました。銀座の伊東屋など、大規模な文房具屋は大好きでした。「あそこへ行けば何でもあって、見ていて飽きないねえ」などと言っていたほどでした。人から頼まれて碑や扁額《へんがく》などに揮毫《きごう》することも多く、特に筆や硯《すずり》には凝《こ》っていたようでした。

大学での書道の授業中のことです。横を通りかかった先生から「いい硯を持っていますね」と声をかけられました。大学生が持つには、不相応だというような先生の表情でした。それははるか昔、小学生のときに使っていた道具でした。

小学校入学時には、みなお揃いの書道セットを購入します。実はその中身だけを、祖父は自分で選んだ硯と筆に入れ替えてくれていました。私はそのことを大学に入学して先生に声をかけていただくまで知りませんでした。大学での出来事を帰宅して母に話すと、「おじいちゃまが、中身を全部入れ替えていらしたわよ」とのこと。

見る人が見るとわかるのでしょう。心を込めてよい硯を選んでくれたのだな、と思ったものです。きっと丁寧に吟味して選んでくれた書道道具だったのでしょう。祖父の愛情がこもっていたような気がします。そしてそれを黙っていたところが、なんとも祖父らしいと思います。

「最初に筆を置く角度はこうした方がいいんだ」と、熱心に筆を持つ手の形まで教えてくれて、私の下手《へた》な字を笑いながら直してくれた姿も思い出します。

「何でも最初に触れるものは本物がいい。本物がわかれば、そうでないものがわかる。

最初から違うものに触れていたら、いつまでたっても本物がわからなくなる」と言っていた祖父でしたが、孫の硯も例外ではなかったということでしょう。その硯は私の娘が使い、今また私の手元に戻ってきました。

大学生になって初めて中国思想哲学に触れ、陽明学というものを知りました。それからまもなく、私は神保町の古本屋で祖父の『王陽明研究』を買い求めました。

祖父の初めての出版は一九二一（大正一〇）年に上梓した『支那思想及人物講話』ですが、翌二二（大正一一）年、大学卒業の年に出した二冊目の本が『王陽明研究』でした。序に「母を失って初めて迎えた春の雪の夜にこの一小著を書き終えた」と、あります。

名著の誉れが高かったようで、卒業に伴《ともな》い徴兵猶予が解けて、徴兵検査を受けた際、この本を読んでいた徴兵官に「君のような人は、兵役に入るより民間にあって国に尽くす方がよい」と、近視を理由に丙《へい》種と判定してもらったという逸話があります。

「なんだ、この本なら私の書斎に何冊もあるのに」と、祖父は笑いながら、「今買うというくらするんだい」と、聞いてきました。たしかに祖父の書棚にはありましたが、自分で買ったということに、私には意味がありました。

私はこの本によって、読書の持つ味わい深さのようなものを感じました。

「読書は小さい頃からの習慣だから、少しでもいいから毎日何かを読むようにしなさい」とやさしく話してくれた姿が印象に残っています。祖父の口癖は「時間は自分でつくり出すものだ」というものでした。著書『青年の大成』にこんな一節があります。

どうも仕事が忙しくて勉強ができない。これはみな言うことです。（略）これも問題になりません。（略）活動して腹がへれば、食欲が出るのと同じで、多忙になると、却《かえ》って求道《ぐどう》心が旺盛になり、頭が働くものです。多忙、大いによろしい。多忙で勉強できないというようなことは決して言うを要しません。健康で、富裕で、才能に富み、閑があるというようなことは、決して真剣な学問・求道・大成に必要ありません。

（『青年の大成』）

実際、祖父は夜寝るときも昼寝のときも枕元には必ず数冊の本を置いていました。祖父は「寸陰《すんいん》を惜しむ」ことを得意としていたようです。時間と上手につきあう秘訣《ひけつ》をこのように書いています。

時間というものは、長い時間をとろうと思うとなかなかとれるものではない。それこそ仕事がある。多忙である。（略）だから閑を得たらと思うのは何にもならない。けれどもどんな忙人にでも、寸陰というものはある。ちょっとした時間というものは必ずある。そのちょっとした時間をつかむのです。これに熟練すれば、案外時間というものはあるものです。昔から一藝一能に精進した人々は、みな体験しておることです。（略）これが道の秘訣です。寸陰を惜しんでやっておると、その寸陰が、長い時間と同じ、あるいはそれ以上の値打ちを生じてくる。（略）精神を集中し、寸陰を積んでこれを錬磨すると、非常な感覚力を生ずるものです。諸君、何かの研究に没頭してごらんなさい。

（『青年の大成』）

祖父は家に居るときは、家族に囲まれて必ず晩酌の時間をもうけていました。愛用の黄《き》瀬戸《せと》の盃を傾けて、好きな相撲中継に見入ったり、「今日は学校で何があった？」と私に問いかけたりしてくつろいで、空《から》になったお銚子《ちょうし》を逆さにして二、三度振っては「もうおしまいか」と残念そうにうつむく姿も印象に残っていますが、「こうしちゃ、おれん」と、やおら立ち上がって書斎に引き上げていく祖父の背中も忘れられません。調べものを思い出したのでしょうか、そんなときの行動はとても素早く、私たちを驚かせました。わからないことをそのままにしない。それを祖父は晩年まで実行していました。若い頃からの習慣だったのでしょう。向学心は年を取っても衰えを見せませんでした。

「寝ていてパッと閃《ひらめ》くことがあるんだ。今までもやもや悩んでおったことが急に解決したりするんだ。そんなときには、その場ですぐ書き留めておくんだ。そうしないと、どんなに覚えていられると思ってもだめだね。朝には忘れているんだから」

「読書でも調べものでも何でも同じだ。読みたいそのときに実行しなきゃいかんよ。それがコツなんだ」

勉強のコツを教えてもらいつつ、実は生きる姿勢をさりげなく教えてもらったような気がします。

大工さんに特別に作ってもらった本棚が立ち並ぶ祖父の書庫にはあらゆる分野の本がありましたが、それらの本のすべての位置は頭の中に入っていたようです。目当ての本を素早く取り出し、その場で立ったまま読んでいました。

こんなこともよくありました。

晩酌をしているとき、祖父は機嫌がいいですから、私はそこを狙って、宿題でわからなかったところを聞いてみます。「大学は楽しいか？」と聞かれたりすればチャンスとばかり、「楽しいけれど、ここがよくわからなくて……」と質問してみるのです。

すると祖父は「へえー、今はこんな教科書を使っているのか」とパラパラめくって、すぐさま立ち上がって書庫に向かって歩き出します。私も後についていって書庫の前で待っていると、並んだ書棚の間を歩いては立ち止まり、一冊の本を取り出すと、その本を開いて手のひらにのせます。そしてまた移動して。同じことを繰り返して書庫から出てくると、手のひらには三冊の本が頁を開いたまま重なっていました。祖父はにこにこして「ここに書いてあるわ」と言うのです。

宿題の答えは、それらの本を読まなければ得られません。直接答えは教えてくれませんでした。質問されると、「後でね」とか「ちょっと待って」などとは決して言いませんでした。その場ですぐに行動に移してくれました。

同じように、大漢和辞典の引き方も根気よく教えてくれました。たとえば、わからない漢字があると、またしても書庫に行きます。諸橋轍次《もろはしてつじ》先生の大漢和辞典の中から見当をつけた巻をスッと引いて、パラパラとめくっていた手を止めると、ポンと私に渡してくれるのです。私がそのページを覗《のぞ》き込むと、その後すぐに一回辞書を閉じて、「自分でやってごらん」と促《うなが》しました。部首名がわからない、読み方がわからない、画数が多くて数えられないといった字でも、祖父はパッと引けるのですが、私はなかなか祖父のようにはうまく引けません。部首名がわかったところで、膨大な数の中から探さなくてはならないので時間がかかるのですが、その間、私が自分で引けるようになるまで、祖父はそばでずっと辛抱強く見ていてくれました。

「わからないことがあったとき、どうやったらその答えを導き出せるかを考えられるのが本当の学問だ。だから答えを暗記することはない」と、祖父が口癖のように言っていたことが思い出されます。

祖父は食事中でもベッドの中でも、常にメモ用紙をすぐ近くに置いていました。「わからない言葉に出会ったら、メモに書いておけば明日の朝、起きたときに『これ、何だろう』となるだろう。寝てしまってもいいけれど、書き留めてあれば思い出せる。それを見て、すぐ辞書を引くんだよ」と、やさしく話してくれたこともありました。

わからないことはすぐに調べる。調べれば必ずどこかに書いてある。そういう基本を身をもって示してくれました。

「心の帰れる場所を持ちなさい」

学校の成績や勉強についての注意を祖父から受けたことはありませんが、折に触れてかけられた言葉は、よく覚えています。「人には礼を欠いてはいけない」「朝こそすべて」「人生は習慣の織り物」などは、口癖のように言っていました。また、こんなことも、よく口にしていました。

「人間は、知識、見識、胆識《たんしき》の三つが揃って初めて一流の人物になれるんだ。知識と見識は誰でも努力すればある程度は身につくんだが、問題は胆識なんだ。これを備えた人物はなかなかおらんねえ。難しいんだ」

自分自身に言い聞かせるように、それでいて淡々と語っていました。祖父の言葉を私なりに解釈すれば、「知識」があるだけではただの物知りにすぎず、そこからさらに「知識」を深め、本質を捉えた上で的確な判断力を持てることが「見識」。その「見識」を実際に使って、欲や得という私心を捨てた広い視野に立って物事を見、行動することができるのが「胆識」ということになるでしょうか。幕末の長岡藩家老・河井継之助や備中松山藩の財政を見事に立て直した山田方谷《ほうこく》などは、胆識のある人物として尊敬していたようです。

戊辰戦争で最も激烈な戦いとされる北越戦争の立役者・河井継之助について、司馬遼太郎は彼を主人公とした長編小説『峠』のあとがきで、こう書いています。


かれは行動的儒教というべき陽明学の徒であった。陽明学というのは、その行者たる者は自分の生命を一個の道具としてあつかわなければならない。いかに世を済《すく》うかということだけが、この学徒の唯一《ゆいいつ》の人生の目標である。このために、世を済う道をさがさねばならない。学問の目的はすべてそこへ集中される。

（『峠』司馬遼太郎）

祖父はよく自著の中でも「胆識」という言葉を使っていました。後に、こども論語塾で次のような嬉しいエピソードがありました。

私のこども論語塾に胆識《ただし》くんという少年が、お母さまとやってきました。すぐに祖父の「知識、見識、胆識」が頭に浮かびました。その少年のお父さまが祖父の著書をよく読んでいらして「胆識」の二文字を是非わが子に命名したいと思い、名づけたそうです。私の論語塾に参加されたのは偶然だったそうですが、これも祖父が結んでくれたご縁か、としみじみ思ったものです。

祖父はまた「自分の心の帰れる場所を持ちなさい」とも言っていました。気持ちの帰れる場所、と言い換えることもありましたが、祖父にとってはそれが東洋の古典だったということかと思います。心の帰れる場所……。とてもいい言葉ではないでしょうか。

私の事務所には祖父が書いた「彬彬君子」（彬彬《ひんぴん》たる君子）の扁額が飾られています。次のような『論語』の章句から採られています。

子曰《しのたま》わく、質《しつ》、文《ぶん》に勝《か》てば則《すなわ》ち野《や》なり。文《ぶん》、質《しつ》に勝《か》てば則《すなわ》ち史《し》なり。文質彬彬《ぶんしつひんぴん》として、然《しか》る後《のち》に君子《くんし》なり。

《雍也《ようや》六・『論語』中の篇の名称、番号はその中の順番を表す。以下略》

子曰、質、勝文則野。文、勝質則史。文質彬彬、然後君子。

（孔子先生がおっしゃった。「人が生まれながらに持っている実質的なものが、教養によって身につけた文化的要素に勝っていると、粗野な感じになる。反対に文化的要素が実質的なものより勝っていると、まるで記録係の役人のように、表面ばかりを飾り立てることになる。実質と文化的要素の両方が見事に調和しているのが、君子の本来の姿である」）

質は生まれつき持っている資質や素質のこと。文は知識や教養を身につけたことによる容姿や態度のこと。要は、質は内面、文は外見・立ち居振る舞いです。祖父の考えでは、「質と文、どちらがより大切かといったら、それは質だ。そうではあるけれど、リーダーになるような人は中身さえあればいいのではなくて、見たときの品格とか威厳といったものがその人の佇《たたず》まいから滲《にじ》み出てこないといけない」ということでした。

祖父はよく「風格」「品格」「威厳」という言葉も口にしていました。「立っていても座っていてもいつも存在感があり、その人そのものが伝わってくるような人が素晴らしいね」

と言っていました。祖父の言いたかったことは、「どんなに中身が充実していても、見た目の雰囲気が伴っていないとだめだ」ということだと思います。あえて書に残してくれたのも、このことを大切にしていたからに違いありません。

「文」と「質」の「彬彬（バランス）」がとれてこそ君子となれる。これは実に難しいことかもしれませんが、祖父自身も目指していた一つの境地だったと今では思っています。中身があれば外見はどうでもいいと考える人も多くいますが、どうもそう単純なものではないようです。

祖父から教えてもらったことはたくさんあります。いい習慣を身につける、だらしのないことはしない、言葉遣いを丁寧にする、他人《ひと》には誰に対しても同じ態度で接する……。どれも当たり前のことです。けれども、次の二つのことは、古典を心の糧とした漢学者の祖父ならではの教えだった、という気がしています。

わからないことをそのままにしないこと。物事の原理原則を知ることが大切だ。

前者は、日常生活の一つ一つの言動に応用の利く教え、後者は生きていく上での基本的な心構えであると思います。それを、毎日の日常生活の中で淡々と示し続けてくれた祖父のやさしさが感じられます。

渋沢栄一との出会い

私と渋沢栄一との接点は、母校、二松学舎の創立者・三島中洲先生が、渋沢栄一の『論語』の先生であり、二人は親しい間柄にあって、三島先生が亡くなった後、三代目の舎長となったことです。そういう意味では、二松学舎への進学を勧めてくれた祖父に導かれたご縁と言えるのかもしれません。

三島中洲先生は、備中松山藩の山田方谷に儒学を学び、江戸では佐藤一斎《いっさい》、安積艮斎《あさかごんさい》の弟子となったので、陽明学者の系譜です。

維新後、新政府の命により、大審院判事（現在の最高裁判所判事）などを務めた後、一八七七（明治一〇）年、官を辞して麹町《こうじまち》に「漢学塾二松学舎」を創設します。当時、慶應義塾、同人社（同志社）と並んで日本三大塾と称されました。後に、東京高等師範学校教授、東京帝国大学文科教授も務めています。

「義と利を分けて考えるべきものではない。利は義から生まれる結果である」とする三島先生の「義利合一論」を学んで、この考えが渋沢栄一の「道徳経済合一説」の論拠になったこと、また、渋沢が好んで使った「論語と算盤《そろばん》」という言葉を最初に提示したのも三島先生だったことを知りました。

しかし、渋沢栄一が二松学舎を支援した理由は、三島先生と『論語』を介して親しい関係にあったことだけではありませんでした。日本の教育の基盤に漢学教育をきちんと据えておかなければならないとの、強い思いがあったからです。

産業の近代化を図る牽引車の役割を果たしてきた渋沢には、このままでは、日本は中身が空疎な上っ面だけのうすっぺらな国になってしまうとの強い危機感があったようです。西洋文明が大量に流入し、世の中が繁栄すると、とかく経済、産業、技術の面ばかりに目が向けられがちになりますが、それを日本人がしっかりと受け止め、わが物にするためには、日本人の精神の基盤であるしっかりとした国語、漢文教育が必要であると考えました。

実際、漢文教育不要論が出て来たときは、渋沢は率先してそれを阻止する行動を取ったといいます。当時の日本人の中で、誰よりも深く西洋文明を理解していた渋沢だからこその思いからだったのでしょう。そのために卒業生には教員免許を提供するシステムを築き上げ、漢学教育の教員養成機関としての二松学舎も作り上げたのです。

その後、渋沢は七〇歳の高齢にもかかわらず、二松義会（二松学舎維持のための経済的な協力組織）の顧問、会長理事に就任し、三島先生が亡くなった一九一九（大正八）年には、二松学舎舎長を引き受けて学校の基盤を築きました。拡張するにあたっては、土地の確保や運営のため、自分が培ってきた経済界のネットワークを駆使して基金集めに奔走したとの記録も残っています。

学生時代の私が渋沢栄一について知っていることは、創立者の三島先生と母校に関することがほとんどでした。

もう一度、『論語』を学び直そうと、田部井文雄先生の『論語』の講義に行ったとき、『論語』を学ぶことに、さまざまな希望や期待を持って集まってきた方々に出会いました。「もともと興味があったので田部井先生の授業を楽しみに待っていた」と話すビジネスマン、「ようやく事業を息子に承継させることができ、これからの自分の時間の中で、まずやりたかったことが『論語』だった」と語るリタイアされた経営者の方など、彼らの『論語』を学ぶことに対する意欲や理解度の高さに感心しましたし、渋沢栄一に対する尊敬の念や共感の強さが共通していることも印象的でした。そして、この方々の『論語』や渋沢に対する熱い思いは、いったいどこから来るのだろうと興味が湧きました。

学生時代に少し触れたことのある『論語』を、たっぷりと人生経験、社会経験を積んだ後にもう一度読み返して、自分自身のこれまでの人生を振り返りたい。そして、『論語』を終生手放さなかった渋沢栄一の生き方の中から改めて『論語』の活かし方を学びたい。

そんな『論語』の味わい方を、講座で出会ったビジネスパーソンの方々に教えられたような気がしました。

渋沢栄一の『論語講義』の面白さは、渋沢自身の実体験やそれを通して考えたことなど、リアルな事例が豊富であることに加えて、渋沢が身近に接した明治維新前後に活躍する歴史上の人物たちの横顔が書き込まれているところにもあります。『論語』がはからずも孔子の弟子たちの人となりを浮き彫りにして、面白みを増しているのと同じです。

歴史の教科書に名前が載っている偉人たちについての、この人は経済音痴であったとか、あの人は物わかりが悪かったなど忌憚《きたん》のない人物評は、かえってその人物に興味や関心が湧くほどの面白さです。

「人物から学ぶ」ことは、孔子が『論語』で繰り返し説いていることですが、『論語講義』にも、それが大いに発揮されています。たとえ反面教師であっても、生きにくいこの世を渡る参考例になる。そんな事例が数多く出てくるからです。

今を生きるための『論語』

渋沢栄一と安岡正篤。二人の『論語』観にはとてもよく似たところがあります。共に古典がかぶっていた埃《ほこり》を拭《ぬぐ》い去って、自分が生きている時代に通用する、生き生きとした新鮮な味わいを持った書物として接していました。

二人の文章からそのあたりの記述を引いてみたいと思います。

祖父はこう書き残しています。

孔子というと、道徳の乾物《ひもの》のように考えておる人が多いのですが、実際は正反対で、孔子は最も偉大な人間通である。論語を読んでもそのことがよくわかる。ずいぶん面白いことが書かれております。

（『論語の活学』）

道徳の乾物ではなく、現代でも十分に生きている書物だということです。孔子自身が「道徳の乾物」でなかったからこそ、『論語』には生きた人間の血が通っていると、祖父は考えていました。

同書には、こんな一文もあります。

論語は不思議な書物である。いつ読んでも、幾歳になって読んでも、その度毎《たびごと》に初めて読むような新たな感動を受けるところが必ずある。世故《せこ》を体験して、なにか自ら覚るところがあると、また必ず論語中の一節が思い合わされる。学者であろうと政治家であろうと商人であろうと、若ければ若い、年老《と》れば老ったで、誰が読んでも、それ相応にみな教えられる。（略）

近来の時政に深く感ずるあまり、今夜ふと論語を探《たず》ねてみてたちまちまた誘われるように前半九篇を耽読した。論語中でもこの前半がもっとも醇粋なように思われるので、まず記念にこれらの中から為政の参考になる諸章を拾って書きつけることにした。

（『論語の活学』）

同じ本の中で、孔子に関する面白いエピソードを紹介しているので要約してみます。『史記「孔子世家《せいか》」』に出てくるそうです。

年若き孔子が老子に会ったときのこと。老子はこう言って諭《さと》したそうです。

「子の驕気《きょうき》と多欲と態色《たいしょく》と淫志《いんし》とを去れ。是《こ》れ皆、子の身に益無し」

驕気とは、俺が俺がというがむしゃらな態度。多欲とは、あれもこれもといろいろなことに手を出す度のすぎた欲望。態色とは人を欺《あざむ》くジェスチャーのこと。そして淫志とは、何でもかんでもやってみなければ気がすまないという欲望。

「それらがあなたにはあるので、気をつけなさい。あなたの身にとって決して益のあることではありません」と、老子は忠告したというのです。
当たらずとも遠からず。若き孔子にはそういう側面もあったのだと推測して、祖父はこう続けています。

なるほど孔子の若い時にはそういう一面もあったであろうと思われる。しかしこういう烈々たるものを持ちながら、ヒステリックにもならず、ゆったりと、焦らず、躁《さわ》がずに、自己を練って、次第に円熟に持って行ったところに孔子のまた偉いところがある。
（『論語の活学』）

孔子自身の人間味が『論語』からも垣間見られると言っているのです。
一方、渋沢栄一は自著『論語を活かす』で、こう述べています。

シナでも孔子時代には、学問と実際とが極めて密着していたもので、学問といっても皆実学で、学理と実行との間に少しの区別もなかったところが、宋の頃になって、一向世事に関係しない学者達が、経学を祖述した結果、『論語』をまったく一種の文学宗教のようにしてしまって、だんだん派を生じ、論を闘わすに至り、学問と実際との間隔が次第に生じて、ついに経書の考究は極めて高尚にして深遠なるものと、一般に考えられるに至った。

けだし孔子時代までは（略）学問と実際とは少しも区別がない。すなわち、その日その日の行いを書いたのが『論語』である。（『論語を活かす』）

渋沢の書いた本によく出てくる言葉の一つに、「『論語』は最も欠点の少ない教訓である」という一言があります。『論語』の考えのとおりに行動していれば、どんな時代にあっても間違いはない、ということでしょう。言い換えれば、『論語』はどの時代にも通用する、ということを主張しています。『論語』をいかに頼りにしていたか。その決意のほどを紹介します。

余は仏陀《ぶつだ》に信頼せず、基督《キリスト》を祈祷するという念慮もなく、無宗教である。ただ孔子の『論語』に信頼し、日常安んじてこれを実行している。余は造次顛沛《ぞうじてんぱい》にも『論語』の教えるところにより、身を立て道を行って行けば、その過ちを寡《すく》なくすることができることを自ら覚《さと》っている。これが余の安心立命である。（『論語を活かす』）

造次顛沛とは「わずかな時間」という意味だそうです。

渋沢栄一は明治の世に『論語』を伝え、安岡正篤は昭和の時代に『論語』をよみがえらせたと言えるのかもしれません。その普遍的な価値を再発見し、伝える人がいなければ、古典の名著といえども、いつしか忘れられてしまいます。

読書家の祖父はおそらく、渋沢の『論語講義』にも目を通していたに違いないと思います。このことについて、祖父自身は多く言及していませんが、金鶏学院の機関誌「東洋思想研究」昭和一八年三月号に掲載された「論語為政抄」という論文の中で、一言触れています。


昔、宋の名相趙普《ちょうふ》が半部の論語を以て太祖（趙匡胤《ちょうきょういん》）を佐《たす》けて天下を平らげ、半部の論語を以て太宗（趙匡義）を佐けて天下を治めたというが、渋沢翁（略）同様、さもあるべきことと思う。

（『論語の活学』）


この一文は、渋沢が自著の中で、官を辞して野に下った際に「『論語』の半部をもって身を修め、半部をもって実業界を救いたい覚悟でいる」と書いているのを知っていた証拠です。『論語』を介して、渋沢と祖父が対話しているような光景を想像させてくれます。

第二章

『論語』は最高の「人生の指南書」

誰もが納得して実行できる教訓

『論語』とは、どんな本なのでしょう。

『論語』は、儒教の経書の中で特に重要とされる「四書五経《ししょごきょう》」の一つで、孔子と弟子たちとの短い問答や、孔子自身の「つぶやき」から成る断片的な言葉の集成です。時系列やテーマごとに編纂されているわけではなく、孔子が語った言葉などが羅列され、全体で一〇巻二〇編約五〇〇章にまとめられて、「学而《がくじ》」「為政《いせい》」など、冒頭の章句から拾われた言葉や人名などがそれぞれの篇名になっています。

その言葉の数々が、複雑な人間関係や力関係で成り立つこの世を生きる上での珠玉のものであったからこそ、『論語』は二五〇〇年もの間、人々に読み継がれてきたと思います。

渋沢栄一は、著書『論語講義』の中で、こんなことを語っています。

『論語』の教訓は簡単にこれを紙上で論評したり、またはこれを尊い教訓だとしながらも生かさずに放っておいて、敬遠主義をとり、得手勝手をいう人が多いように思われる。これは私が大いに残念に思っているところである。

孔子の教訓は、二千四百年前でも二千四百年後の今日でもかわらず実行できる、わかりやすい教えである。墨子《ぼくし》の〈兼愛説《けんあいせつ》〉、楊子《ようし》の〈自愛説《じあいせつ》〉や老子《ろうし》・荘子《そうし》の〈無為説《むいせつ》〉などは、いかにもおもしろく感じられ、たしかに真理を含んでいるに違いないが、さてこれを実行しようとすれば、どこかに差し支えを生じて行き詰まるが、孔子の教えは一方にかたよらず万人が納得して実行できるものである。（『渋沢栄一「論語」の読み方』竹内均編）

『論語』という書物を説明するのに、私は、この一文は実に的を射ていると思います。

孔子の死後、春秋時代が終わって戦国時代が始まり、さまざまな思想家、論客が輩出して自説を申し立て、「諸子百家《しょしひゃっか》」の時代となります。墨家、道家、法家らのそれぞれの立場からの主張は、学術・言論界の主流であった儒家への非難ともなりました。

秦《しん》の始皇帝《しこうてい》は、儒家の徳治主義を軽蔑し、刑罰を重んじる法家の人材を活用して天下統一を果たしますが、それにとどまらず、儒家の典籍を焼却し、多くの儒者を生き埋めにしたことでも知られています。それほどに孔子の教えが嫌われた時代もあったのです。

最初の統一王朝・秦の滅亡の後、項羽《こうう》と争った劉邦《りゅうほう》（漢の高祖《こうそ》）が建てた王朝が漢ですが、七代皇帝・武帝《ぶてい》のときに国力は最高となり、内政外交ともに威勢を振るいます。武帝は儒教を漢王朝公認の教えと定め、以後王朝が交代しても、この伝統が長く続きました。

儒教には神秘性がなく、あくまで人々の生きる現実に則《のっと》った思想だったので、歴代の王朝は庇護《ひご》しやすかったのではないでしょうか。漢代以後、儒教は中華文明の主流を成す思想となっていきました。

孔子の伝記としての最初の歴史資料は、前漢《ぜんかん》時代に司馬遷《しばせん》が書いた『史記』の中にあります。

『史記』は、歴代皇帝の事蹟を記した「本紀」一二巻、諸侯の伝記である「世家」三〇巻、その他の人物を取り上げた「列伝」七〇巻の他、表や書から成りますが、孔子の伝記は「世家」に収録され、「孔子世伝」と名づけられています。当時、すでに孔子は偉大な伝説の人であったことがわかります。

時代が下って、唐、宋、元の時代にかけて、孔子の画伝（絵入りの伝記）が多く描かれます。釈迦《しゃか》の一生を絵と文でわかりやすく描いた画伝は、仏教を民間に布教させる大きな役割を果たしましたが、孔子の画伝もこれに倣《なら》ったものでしょう。孔子が人々に広く知られるきっかけとなりました。

宋代には儒教の再評価が進み、『論語』は「四書」の一つとして高く顕彰されました。南宋の朱熹《しゅき》が書いた『論語集注《しっちゅう》』の序文には、孔子の伝記がつけられ、孔子伝がさらに広く人々に知られることとなります。

明代に入って印刷出版が盛んに行われると、知識人だけでなく、広く庶民にも読書の習慣が普及して、孔子の生涯とその教えを知ることは一般的な教養となっていきました。

中国での『論語』の位置づけは、為政者が学ぶべき帝王学といったもので、庶民の日常的な学びの対象ではありませんでしたが、日本では、長らく「生きるための哲学書」として、階層を問わず広く人々に読まれてきました。日本人の持つ勤勉性、礼儀正しさ、謙虚さ、粘り強さなど、孔子の思想は日本でこそ根づいたと考える学者もいるようです。

明治末年に日本に留学した魯迅《ろじん》は、多くの日本人が『論語』を素読したり、諳《そら》んじたりするのを見て驚いたそうです。その光景に刺激されて、彼は『論語』をはじめ四書五経を、母国ではない日本で学ぶことになります。

日本に『論語』が伝わったのは、仏教伝来より少し前の五一三年、継体《けいたい》天皇の時代に百済《くだら》より五経博士が渡日して伝えられたとされています。しかし、これ以前の五世紀頃応神《おうじん》天皇の時代に、王仁《わに》博士によって伝えられたとの伝承もあります。漢字とともに伝来した『論語』は朝廷で学問として普及し、その後の日本の官吏養成などの教育や、律令制など制度の基礎づくりに貢献することになります。

たとえば、六〇四年に聖徳太子によって制定された「十七条憲法」の第一条に出てくる「和を以て貴しと為す」は、『論語』学而篇の「礼の用は和を貴しと為す」に基づいたものとされています。

やがて、『論語』は、公家や僧侶など知識階級の嗜《たしな》みとなり、さらに鎌倉幕府という武家政権が誕生すると、禅宗と並び武士の心の支えになっていきました。徳川家康が、今川家の人質になっていた幼少期に『論語』の素読に親しんだことはよく知られています。

家康の行いを代々伝えるべき手本として尊重した江戸幕府は、儒教を体系化した朱子学を公式の学問として奨励していたので、各地の藩校でも『論語』は基本となるテキストでした。五代将軍綱吉は、幕府の公式の学問所として、現在も同じ場所にある湯島聖堂を建てています。

江戸時代に一般の人々の識字率が他国に比べてすこぶる高かったことはよく知られていますが、町の辻《つじ》に建てられた「御触書《おふれがき》」を皆が読めたのは、全国の町や村に寺子屋があり、「読み書き算盤《そろばん》」を上下の分けへだてなく、庶民の子どもたちも学べたからです。幕府は寺子屋の運営には口をはさまず、浪人でも僧侶でも医者でも、誰が師範になってもよいとされていました。最盛期の寺子屋の数は一万五〇〇〇といいます。

寺子屋で必ず教えられていたのが『論語』で、生徒たちは素読に励みました。

孔子が生き抜いた戦乱の世、春秋時代

孔子は春秋時代の末期、魯《ろ》の昌平郷陬邑《しょうへいごうすうゆう》（現在の山東省曲阜《きょくふ》）に、父・孔紇《こうこつ》と母・徴在《ちょうざい》の子として紀元前五五一年に生まれたとされています。

日本がまだ縄文時代の末期だった頃のことです。父は武勇の士で、母は祈祷や祭儀を行う巫女《みこ》のような職業の女性だったようです。

生まれた孔子の頭の中央部が丘のようにくぼんでいたことから、丘《きゅう》と名づけられました。字《あざな》は仲尼《ちゅうじ》。三歳で父を、諸説ありますが、若いときに母を亡くしています。決して恵まれた幼少期ではなかったことがわかります。

私の祖父、安岡正篤は、著書『論語の活学』で、「そもそもその時代からして一入《ひとしお》興味の深いものがある。それは世界の人類文化の淵源《えんげん》をなすと言われる偉人がたまたま東西時を同じうして、あるいは相前後して現れておるということであります」と書き、この時代がすこぶる印象的であるとして、ソクラテスと釈迦と孔子、この「世界三聖人」が同時期に出現したことを指摘しています。

祖父の著書にはこんな記述もあります。

名前の出所はともかくとして、頭が上方に発達しておったということは、これは生理学の上から言うてもうなずける。哲学とか、宗教とかいった、精神的な面に秀れた人は、どうしても頭は上の方に発達する。とにかく孔子は、あれだけの人ですから、常人に較べて異相であったとしても、決して不思議ではありません。

（『論語の活学』）

大人になった孔子の容貌は人並み外れ、身長は当時の尺度で九尺六寸（約二・二メートル）ほどもあり、人々から「長人」と呼ばれて珍しがられたとのことです。一九歳で結婚し、一子（後の孔鯉《こうり》）をもうけます。

二〇歳で魯国の下級役人となり、倉庫の管理業務などを担当して、地味な職場で懸命に働きます。こつこつと成果を積み上げていった様子は、孔子の働きで魯国の家畜の繁殖数が増え、ごちそうが食べられるようになった、という逸話からもうかがえます。

心して「六芸《りくげい》」を学んだのもこの頃でした。六芸とは、礼（道徳）、射《しゃ》（弓術）、御《ぎょ》（馬車を操る技術）、書（文学）、数《すう》（算術）、楽《がく》（音楽）のことで、孔子の時代から五〇〇年以上も前に栄えた周《しゅう》の国で大人《たいじん》の心得として必要とされた六つの修学のことです。

三〇歳の頃、魯の君主から遊学の許可を得、周の都で、ある老人から礼を学んだといわれています。この老人が単なる老先生の意味なのか、それとも道教の祖の老子のことなのか、後世論争が起きることになります。

孔子が初めて私塾を開いたのはこの時代とされています。出身や身分に関係なく広く弟子を受け入れたので、さまざまな年齢の個性豊かな逸材が集まりました。

『論語』の面白さは、孔子の教えの何たるかを知るだけでなく、弟子たちとの会話、その中から浮かび上がる孔子と弟子の人間模様の妙にありますが、これは孔子と弟子、人間と人間の真剣勝負があってこそ発揮されたものでしょう。孔子が、自分の知識や学識を決して出し惜しみすることなく弟子たちに伝えようとした記録が、『論語』なのです。

弟子を育てながら仕官の口を探す日々を送りますが、そう簡単にはいきません。孔子の名はすでに世に知られ、名声も人望もある彼を招けば、自らの無能さが露呈されて失職する危険にさらされると脅える役人たちの妨害も多かったようです。

当時は国と国との戦いが続き、臣下が王を殺害してその地位を奪うことなど当たり前とされた下剋上の時代。方法を選ばずに力ある者に取り入ったり、言葉巧みに権力に近づこうとしたりする者が横行しています。それこそ「巧言令色《こうげんれいしょく》」な人々が多くいたということでしょう。

「孔子先生のおっしゃることはよくわかりますけどね。徳とか仁とか、そんなきれいごとで国が治まりますかね」と、冷ややかに見る人も少なくなかったのではないでしょうか。戦乱の時代には非現実的な夢物語と、あざ笑われたこともあったでしょう。

時の勢いを借りて一時的に隆盛を誇り、ついに覇権を握ったかと思われた国がたちまちにして凋落《ちょうらく》し、新興の国がとって代わる。そのような興亡が飽くことなく繰り返されていたのが、今から約二五〇〇年前の春秋時代でした。

なぜ大臣の地位を捨て、過酷な放浪生活を選んだのか

ここからは、孔子の生涯を、少し『論語』を紐解《ひもと》きながら、ご紹介しましょう。

三五歳の頃、魯に起きた内乱を避けて隣国・斉《せい》に赴《おもむ》いた孔子は、そこで韶《しょう》（古代の舜《しゅん》時代の音楽）を聴き、「三月、肉の味を知らず」《述而七《じゅつじ》》というほどの感動を覚えます。

滞在中に斉の景《けい》公から政治について問われ、何より大切なのは正名《せいめい》と節財であると持論を説きました。

正名、すなわち名を正すこと。「君は君たり、臣は臣たり、父は父たり、子は子たり」《顔《がん》淵《えん》十二》というように、人倫の道を歩むことが大切であると説いたのです。併せて財政の節約を心掛けるよう助言したとされています。

しかし、斉の宰相・晏嬰《あんえい》の反対もあって、景公は孔子を厚遇することを諦め、それを察知した孔子は自ら斉を去ります。

母国に帰った孔子を、魯の定公《ていこう》は中都《ちゅうと》（魯の邑《ゆう》）の宰（長官）に任命。一年で周囲の村々は皆、孔子のやり方にならって礼儀正しい風土となり、孔子は五〇歳の頃には司空《しくう》（土地・人民の長官）、大司寇《だいしこう》（司法大臣）に出世していきます。

隣国の斉は孔子の登用によって勢いを得た魯を恐れ、夾谷《きょうこく》（斉の地名）で両国の会見を開きます。このとき、孔子は定公の補佐役として、魯を併合しようとする斉の思惑を未然に回避して、魯国の危機を救いました。

治国とはいかにあるべきかという孔子の政策を取り入れた魯は、国政大いに整い、商いをする者は掛け値をせず、歩く者は男女道を別にし、道に落とし物があっても着服する者はなく、魯国に来た外来者には必要な物を与えて厚遇の上、帰国させたといわれます。

孔子の施策が功を奏して魯国が富むのを嫉妬した斉は、女性の歌劇団を送り込んで風紀を乱そうと画策し、それにうつつを抜かして政道を怠った定公に失望した孔子は、魯の政治から身を引きます。弟子たちを引き連れての、一四年に及ぶ諸国遍歴の始まりでした。

国から国へと仕官を求めてさまよう孔子集団には、この間さまざまなことがありました。衛《えい》から陳《ちん》に向かう途中、匡《きょう》（宋の邑）でのこと。かつてこの地で乱暴を働いた陽虎《ようこ》なる人物に風貌が似ていたことから、間違えられて村人たちに襲われたこともありました。「周の文王の文化を継承しようとしている唯一の人間である私を、匡人ごときがどうすることができよう」《子罕《しかん》九》と、毅然と言い放ったのはこのときです。

放浪の途中、馬車を走らせて衛《えい》の都に入ると、大変な賑わいでした。孔子は驚いて声を上げます。

「なんとまあ、にぎやかなことだ！」

馬車を御していた弟子の一人、冉有《ぜんゆう》が尋ねます。

「人が多いですね！　これをどうします？」

「暮らしを豊かにさせよう」

「豊かになったら、どうします？」

「教えよう」《子路《しろ》十三》

衛では霊公《れいこう》より軍事について下問を受け、「礼法のことは聞いたことはありますが、軍事については学んではいません」《衛霊公十五》と正直に答えたところ、気分を害したのか、ある日飛びゆく雁を見上げて孔子に関心を示さないふりをする霊公の下を去り、放浪の旅は続きます。

弟子たちと運命を共にする、あてのない放浪の旅が長引くにつれ、孔子の気持ちにも焦りのようなものが生まれました。商人としての経験も積んでいる弟子の子貢《しこう》はこれを察知し、ある日、問答をしかけます。

「ここに美しい玉《たま》があるとします。大切に箱にしまっておきますか？　それとも商人を訪ねて売りましょうか？」

「売ろう！　売ろう！　私は買い手を待っているのだよ」

《子罕九》

五〇代半ばからの一四年に及ぶ放浪生活。今と違って暑さ寒さをしのぐ手立ては乏しく、疲労と飢えに悩まされながらの、あてのない旅でした。理財に長《た》けた子貢のように、食べるための援助をしてくれる弟子もいましたが、それにも限界があります。

あるとき、最古参の弟子でリーダー格の子路《しろ》が、厳しい流浪の日々に耐えられなくなったのか、弱音を吐いて「君子でも困窮することはありますか」と尋ねました。

孔子は答えます。

「君子でも困窮することはあるが、こういうときに取り乱すのは小人《しょうじん》のすることだ」

《衛霊公十五》

苦しいに決まっている。けれど、取り乱したところで状況が変わるわけではないよ。自分からパニックを起こしたら、より悲惨な目に遭《あ》ってしまうぞ、と静かに諭《さと》したのでした。なかなか思うように仕官の道が開けない孔子ですが、彼の心に一貫していたのは、すべてのことは自分次第だということ。この信念に貫かれた人生でした。「今の自分が世に容れられないのはあいつのせいだ」などと、人を恨んだりもしませんでした。苦難や不遇は人生につきもの、それを嘆いたり憎んだりしても仕方がない、そんなところに成長はない、と考えていました。

性善説に立つ孔子は、「人は生まれながらに、智、すなわち仁の心を持っている。けれどそれが宝の持ち腐れになっている場合が多い。志をもって仁の心を甦《よみがえ》らせ、人として正しい道を歩まねばならない」との信念で放浪生活を耐え抜きました。

晩年の孔子は故郷・魯で弟子の教育と著述に専念します。

詩書礼楽を教えて、いつのまにか弟子は三〇〇〇人に達していました。このうち、六経《りくけい》（易経、書経、詩経、礼、楽経、春秋）に通じた者は七二人といいます。

そもそも『春秋』とは、孔子が魯国の記録を筆削《ひっさく》したと伝えられる年代記で、紀元前七二二年から紀元前四八一年までの出来事が編年体で書かれています。孔子が生きた時代を春秋時代というのは、彼が晩年に『春秋』を編纂したためです。「春秋の筆法」という言葉は、『春秋』では批判の態度が公正で厳しいことから、厳正な態度を貫いて正しく批判をした文章のことをいいます。

魯の都の北方、泗水《しすい》のほとりで亡くなったとき、七三歳でした。驚くべき長寿と言っていいでしょう。弟子たちは三年の喪に服し、子貢だけはさらに三年服喪して哀悼の意を尽くしました。

孔子が理想としたリーダー像とは

若い頃、孔子は希望に満ちて、しばしば周公旦《しゅうこうたん》（旦は名）の夢を見たといいます。周の開祖・文王《ぶんおう》の子、周王朝の基礎をつくり上げた聖人で、孔子にとっての理想の為政者です。周公の治世を自分が生きているこの世に再現しようというのが、孔子の強い意志と情熱の支えでした。そのために自分は周公のような聖人、つまり天に見守られている、という思いもありました。

しかし晩年になって、こう嘆いたといわれています。

甚《はなは》だしいかな、吾《わ》が衰《おとろ》えたるや。久《ひさ》しきかな、吾復夢《われまたゆめ》に周公《しゅうこう》を見《み》ず。《述而七》

夢に周公が現れなくなったということは、周公の政治の道の再現を果たすという自分の理想がついに実現することなく終わりそうだという、孔子の深い失望の思いを表していま す。現実の政治参加への強い意志が常に孔子の頭にあったことは、次のような章句からも読み取れます。

子曰《しのたま》わく、苟《いやし》くも我《われ》を用《もち》うる者有《ものあ》らば、期月《きげつ》のみにして可《か》ならん。三年《さんねん》にして成《な》すこと有《あ》らん。《子路十三》

子曰、苟有用我者、期月而已可也。三年有成。

（孔子先生がおっしゃった。「かりにも私を用いてくれる者があれば、一年もあればかなり綱紀を整えてみせよう。もし三年も与えてくれれば立派な治績を挙げてみせよう」）

しかし、君子に仕えて理想の国を建設するという孔子の生涯の思いを実現することは、残念ながらかないませんでした。

けれども君子とは何か、人はどう生きるべきか、何がこの世で一番大切かという、孔子が考えに考え抜いた思想の片鱗《へんりん》は、孔子の言葉を伝えようとする弟子たちによって『論語』として後世に遺《のこ》ることとなりました。一国の繁栄よりも、もっと大きなものを私たちに遺してくれた、ということができるのではないでしょうか。

弟子たちにとって、孔子こそが常に理想の人でした。仰《あお》ぎ見る理想の人――孔子は、君子たるべき姿はこうあるべきだ、と再三にわたって言い残しています。

仁者《じんしゃ》、すなわち人間に対して誠実な思いやりの心を持つ人物だけが、心から人を愛することも、また憎むこともできるのだと、孔子は考えていたようです。そして仁の心を持つ者のみが、君子の資格を持つことができるのだとして、君子とは何かについて、生涯その答えを追求し続けました。

孔子のいう君子とは、決して普通の人間には及びもつかない超人ではありません。孔子は、誰もが努力次第でその域に達することが可能であると見ていたようです。人としての良識と熱意があり、ひたすら実力を磨き、能力を蓄えていけば、やがては到達可能な境地である、と。

『論語』の中から少しご紹介しましょう。

「君子は義《ぎ》に喩《さと》り、小人《しょうじん》は利に喩る」《里仁《りじん》四》

（君子は、それが正しいか、正しくないかで物事を判断するが、小人は、利益があるかないかですべてのことを判断する）

「君子は言《げん》に訥《とつ》にして、行《こう》に敏《びん》ならんことを欲す」《里仁四》

（君子は言葉がうまくなくても、行動は機敏でありたいと願うものだ）

「君子は人の美を成し、人の悪を成さず」《顔淵十二》

（君子はある人に優れた点があれば、それをさらに進めて成功するように導き、ある人に欠点があれば、それが大きくならないように導く）

「君子は和して同ぜず、小人は同じて和せず」《子路十三》

（君子は人と仲良くすることができるが、何でもいい加減に賛成してしまうわけではない。人と調和することはできるが、同調するとは違うということだ。一方、小人は何でもいい加減に賛成してしまうことはあっても、人と本当に仲良く理解し合うことはできない）

「君子は其《そ》の言《げん》の其《そ》の行《こう》に過《す》ぐるを恥ず」《憲問《けんもん》十四》

（君子とは、自分の言葉が実際の行動以上に大げさになってしまうことを、恥と考えるものである）

孔子自身が自らを君子だと示唆しているように思われる章句もあります。この章句は有名ですからご存じの方も多いでしょう。

子曰《しのたま》わく、学《まな》んで時《とき》に之《これ》を習《なら》う、亦説《またよろこ》ばしからずや。朋有《ともあ》り、遠方《えんぽう》より来《きた》る、亦楽《またたの》しからずや。人知《ひとし》らずして慍《いきどお》らず、亦君子《またくんし》ならずや。《学而一》

子曰、学而時習之、不亦説乎。有朋、自遠方来、不亦楽乎。人不知而不慍、不亦君子乎。

詳しい章句の説明は、後述しますが、この章句の最後で言っていることは「誰も自分の実力を理解してくれなくても、不平不満に思わない。それこそが立派な君子ではないか」ということです。この言葉は、悲運を嘆いたり周囲を怨んだりすることなく、理想を掲げ、研鑽《けんさん》を積みながら、人としての正しい生き方を考え抜き、それを弟子たちに教え続けた、まさに孔子の人生そのものであったと、私には思えてくるのです。

孔子が理想としていた為政者は、自身が生きる戦乱の時代の五〇〇年前、周王朝の基礎をつくり上げた周公旦であったことは前に紹介しましたが、孔子は、古典を通して、かつてのよき時代のリーダーたちはどんな人物で、何を学び、どんな言葉で民に語りかけていたのか、どんな法律があり、どんな文化が栄えていたのかなどを徹底的に学びました。
その結果、過去と現在の最も大きな違いは、人物そのもの、すなわち徳を持った人物が国を治める徳治政治にあると気づいたのです。

子曰《しのたま》わく、政《まつりごと》を為《な》すに徳《とく》を以《も》ってすれば、譬《たと》えば北辰《ほくしん》其《そ》の所《ところ》に居《い》て、衆星之《しゅうせいこれ》に共《むか》うが如《ごと》し。《為政二》

子曰、為政以徳、譬如北辰居其所、而衆星共之。

（孔子先生がおっしゃった。「仁徳を備えた君子と呼ばれる人が、政治を行えば、たとえば北の空に輝き続ける北極星のように、多くの星がそのまわりに集まってきて、尊敬の気持ちを示すようになり、理想の政治が実現するであろう」）

子曰《しのたま》わく、之《これ》を道《みちび》くに政《まつりごと》を以《も》ってし、之《これ》を斉《ととの》うるに刑《けい》を以《も》ってすれば、民免《たみまぬが》れて恥《はじ》無《な》し。之《これ》を道《みちび》くに徳《とく》を以《も》ってし、之《これ》を斉《ととの》うるに礼《れい》を以《も》ってすれば、恥有《はじあ》りて且《か》つ格《ただ》し。《為政二》

子曰、道之以政、斉之以刑、民免而無恥。道之以徳、斉之以礼、有恥且格。

（孔子先生がおっしゃった。「民を指導する際に、法律や制度に基づき、刑罰で押さえ込もうとすれば、彼らは刑罰を免れることばかりを考えて、恥の意識をなくしてしまうだろう。民を指導する際に徳によって感化し、礼によって規範を確立しようとすれば、彼らは恥を知るようになり、正しい行いをするだろう」）

この二つの章句には、孔子の理想の政治に対する考えがよく表れています。

春秋時代、各国は国の乱れを正そうとして、法を定め、それを犯した場合の刑罰をあらかじめ人民に示すようになりました。けれども、こうした手法には弱点もあります。中にはずる賢い者もいて、法の網の目を潜り抜けようとします。見つからなければいいだろう、ということです。孔子はこの現実を認めた上で、法ではなく徳で民を導き、礼で民の心を整える大切さを説きました。

礼とは、長い年月をかけて人々の間に醸成されてきた礼儀や慣習です。社会の中で一定の拘束力を持ちますが、法のように明文化されたものではなく、強制力はありません。礼を守るかどうかは、あくまでもその人個人の品格によります。

けれども、為政者が礼を尊重すれば民の心にも自《おの》ずから恥の気持ちが芽生《めば》えるのだ、と孔子は考え、遠回りのようではありますが、この方法が国のあるべき姿をつくり出す唯一の正しい道である、としたのです。
冠婚葬祭と礼について説いている章句もあります。

子曰《しのたま》わく、生《い》けるときは、之《これ》に事《つか》うるに礼《れい》を以《も》ってし、死《し》せるときは、之《これ》を葬《ほうむ》るに礼《れい》を以《も》ってし、之《これ》を祭《まつ》るに礼《れい》を以《も》ってす。

《為政二》

子曰、生事之以礼、死葬之以礼、祭之以礼。

（孔子先生がおっしゃった。「親が生きているときには礼をもって仕え、亡くなった後では礼をもって葬り、また礼をもって年忌の祭を営む」）

個人の生活だけでなく、国家にも礼があります。諸国から賓客を招いての外交では「賓礼」を用いるべしとされ、軍事行動の際の礼は「軍礼」といわれます。古代中国の礼は『周礼』『儀礼』『礼記』（これらを合わせて「三礼」と呼びます）の書にまとめられていますが、特に『礼記』は孔子の論説だとされる言葉が多く収録されています。

礼とは、これを実践することによって、人間や国家に品格が与えられるもの、いわば外側から人間や国家を美しく形づくるものといえるでしょう。

これに対して、目には見えませんが、外側からではなく内側から、内なる規範として孔子が「これも大切なことだ」と重視したのが、「孝」です。
まず、家庭内の道徳として、孝について説きました。

弟子《ていし》、入《い》りては則《すなわ》ち孝《こう》、出《い》でては則《すなわ》ち弟《てい》、謹《つつし》みて信《しん》あり。《学而一》

家の内では親孝行を、外では目上の人や年長者に素直に従い、行動は慎重にして、言葉に責任を持ちなさい、というのです。この孝の考え方は、長く東アジアでは人間社会の道徳の根本の理念となりました。これを一言で表すと、「孝弟《こうてい》は、其《そ》れ仁《じん》を為《な》す本《もと》か」《学而二》ということになります。

礼が外側から人間の行動を規制し、それによって人が生きる正しい道を追求するものだとしたら、孝は人間の本来持っている素朴な内なる心情を重視するものです。外なる礼と、内なる孝。どちらにも偏らず、人間を多面的にとらえて包括的な人間の理想を追求したのが孔子なのです。

孔子の思想は弟子たちによって継承されていきますが、曽子《そうし》のグループは孝の考えを発展させていき、子游《しゆう》や子夏《しか》のグループはさらに礼を重視していったとする後世の研究もあります。

人として最も大切な徳、「仁」について

「仁」とは、『論語』の中でもっとも多く語られている徳の概念です。その概念は広く、現代語に訳しにくい言葉ですが、あえて狭く解釈して一言で言えば、「思いやり」ということになるでしょうか。

「仁」は、人間愛にまつわるさまざまな要素を包括した大いなる徳義です。孔子は、こうした徳義を体現した人物を「仁者《じんしゃ》」と呼んで、君子に近い人格者としています。

私は、仁者の備えている「仁」は大きな仁ということで「ラージ仁」と呼んでいます。この考え方は私の恩師・田部井文雄《たべいふみお》先生に教えていただきました。先生は、仁(「ラージ仁」)は、いわば「核」になるものと話してくださいました。また、祖父は果物にたとえて、仁は「種」であり「胚《はい》」であると言っていたそうです。

「ラージ仁」を実践するにあたって必要なもの、「ラージ仁」に近づくために不可欠なものが、仁、義、礼、智、恕《じょ》、信、孝、悌《てい》の八つのキーワードです。この八つのキーワードの中の仁はいわば「スモール仁」で、ここでは前に述べた「思いやり」と限定して定義し

てもいいと思います。八つの意味は以下のようになります。

仁（スモール）――思いやり
義――正義
礼――礼儀、礼節
智――知恵
恕――まごころ
信――信頼
孝――親孝行
悌――長幼の序（年長者と年少者の秩序）

人間としての大いなる徳義、「ラージ仁」の中に、「スモール仁」はじめ合計八つの徳目が入っているというイメージです。

孔子が仁について語った章句はたくさんありますが、一つご紹介しましょう。

子曰《しのたま》わく、仁遠《じんとお》からんや。我仁《われじん》を欲《ほっ》すれば、斯《ここ》に仁至《じんいた》る。

《述而七》

子曰、仁遠乎哉。我欲仁、斯仁至矣。
（孔子先生がおっしゃった。「仁は私たちから遠くへだたったところにあるものだろうか。いや、そうではない。自分から進んで仁を求めれば、仁はすぐに目の前にやってくる）

短いフレーズの中に「仁」が三つも入っていてリズムがいいので覚えやすい章句です。「仁」はたぐり寄せねば得られないほど遠くにあるものではなく、すでにあなたの中にありますよ、という意味です。

思いやりの心を持って仕事に打ち込む。このことがいかに大切かは、ビジネスで逆境に置かれた経験のある方なら、自ずとおわかりかと思います。

売り上げなど目先の数字ばかり追っていると、上司や同僚、お客さまや取引先の顔が見えなくなることがあります。そんなときでも、仕事でかかわる人たちの喜ぶ顔が見えたら、よりいっそう頑張ろうという気持ちも湧いてくることでしょう。相手が喜ぶ顔を想像するのも「仁」、上司のため、部下のために、もうひと頑張りしようとするのも「仁」。思いやりの気持ちを込めることは、仕事の上でいくらでも実践できるはずです。

「仁」に似た言葉で『論語』によく出てくる言葉に「徳」があります。能力の差や運・不運に左右されない、人間の根本が「徳」なのだと思います。正しいことができる力といえるでしょう。

祖父は私に、「人間には根や幹になる部分とそうでない部分がある。木は見えないところで広く根を張っているものだ」と、話してくれました。「徳」というものを木の根や幹にたとえて教えてくれたのだと、今では思っています。

祖父の著書、『青年の大成』には「人間たることにおいて、何が最も大切であるか。これを無くしたら人間ではなくなる、というものは何か。これはやっぱり徳だ、徳性だ。徳性さえあれば、才智・芸能はいらない。否、いらないのじゃない、徳性があれば、それらしき才智・芸能は必ず出来る」とあります。

私が大好きな言葉で、事務所の机の脇に掲げているのが、「徳」についての素晴らしい『論語』の章句です。

子曰《しのたま》わく、徳《とく》は孤《こ》ならず、必《かなら》ず隣《となり》有《あ》り。　《里仁四》

子曰、徳不孤、必有隣。

（孔子先生がおっしゃった。「徳（正しいことができる力）を身につけた人は、ひとりぼっちにはならない。近くに住んで親しんでくれる人がきっと現れるものだ」）

横浜に基盤を置く、歴史ある書店・有隣堂《ゆうりんどう》の名の由来はここにあります。

私は若い頃、大きな病気をして学校も休みがちでした。「学校生活を元気に送っている友人がうらやましい」という気持ちがあって、人に理解してもらえない、取り残されているという感情も強く持っていました。一生懸命勉強しても試験当日に体調を悪くしたり、通常どおり学校に通えない時期もあったので、「徳は孤ならず」の章句に魅《ひ》かれていました。

けれども大人になって、よきご縁に恵まれて『論語』の講師をすることになり、多くのお子さんや社会人、年輩の方々と接してきて、そのころの感じ方とは違う思いを抱くようになりました。そして「徳は孤ならず」は、正しいことや自分が決めたことを貫こうとすると、人は孤独を感じるようになる、という本来の意味に気がつきました。

そうであるなら、孤独や寂しいことをいたずらに恐れる必要はない。正義を貫きたい人や信念を持っている人が生きにくい世の中かもしれないけれど、正義や信念を大切にして生きていれば、理解し、寄り添ってくれる人は必ず現れるから大丈夫。そういうことを孔子は言っていたと気づいたのは、かなり大人になってからなのです。

『論語』は、親しむ年齢によって解釈の深みが違ってくる不思議な書物です。若いときに一通り読んだからといって埃《ほこり》をかぶせたままにしておくことは、もったいないというか、

『論語』に失礼なことではないかとも思います。年齢を重ねて読み返してみると、「こういうことを言いたかったのか」と、改めて気づかされることがたくさんあるのです。そのためにも身近なところに置き、折に触れて読んで、印象深い章句のいくつかを心の片隅に入れておいていただければと思います。

生涯を賭けて人の生き方の理想を追求し続けた人

孔子自らが生涯を回顧した次のような有名な章句があります。

子《し》曰《のたま》わく、吾十有五《われじゅうゆうご》にして学《がく》に志《こころざ》し、三十《さんじゅう》にして立《た》ち、四十《しじゅう》にして惑《まど》わず。五十《ごじゅう》にして天命《てんめい》を知《し》る。六十《ろくじゅう》にして耳順《みみしたが》う。七十《しちじゅう》にして心《こころ》の欲《ほっ》する所《ところ》に従《したが》えども、矩《のり》を踰《こ》えず。

《為政二》

子曰、吾十有五而志于学、三十而立、四十而不惑。五十而知天命。六十而耳順。七十而従心所欲不踰矩。

（孔子先生がおっしゃった。「私は一五歳で学問に志し、三〇歳で自立した。四〇歳で物事の道理がわかり、心の迷いがなくなった。五〇歳で天から与えられた自分の使命を自覚した。六〇歳でどんなこともよく理解することができるようになった。そうして七〇歳になり、自分の思いのままに行動しても、人の道を踏みはずすことがなくなった」)

ここから、一五歳は「志学」、三〇歳は「而立《じりつ》」、四〇歳は「不惑」、五〇歳は「知命」、六〇歳は「耳順《じじゅん》」、七〇歳は「従心《じゅうしん》」と呼ばれるようになりました。

現代の私たちからすると、人間の成長としては早熟すぎるようにも感じられ、いささかできすぎのような気もしますが、人の一生の一つの理想として読むことは、今でも可能でしょう。古今東西で一番短い優れた自叙伝ともいわれています。

一五歳で学問の道に進み、「六芸」を学びながら下級役人として研鑽を積んで、孔子は三〇歳になってようやくめどが立ってきます。一五年間も学び続けたわけです。このくらいの期間を学びに打ち込まなければ、一人前の人間にはなれないということです。

その後も、弟子の教育と並行して学び続け、四〇歳で初めて「道義がわかった」と言っています。迷わなくなったということですが、逆に言えば三〇代の一〇年間は迷いの中にいたことになります。何が正しいことなのか、人としてどうあるべきかの模索を繰り返し、四〇歳になって、やっとその根本がわかって心の揺らぎがなくなったということでしょう。

五〇歳で、ようやく仕官の道が開かれ、天命を知るのですが、自分の仕事が世の中にいかに貢献しているか、その社会的役割を認識できた。「これが私の仕事だ！」というわけです。

六〇歳で、人の言うことに従えるようになったと言っています。ここに精神の若返りを感じるのは私だけではないでしょう。このくらいの年齢になると、普通なら新しいことに関心がなくなったり、他人の忠告に耳を傾けなくなったりするものです。「私のやり方が古いことはわかっているが、今までこのやり方でやってきたのだから、これからも私流でいく」といったように。

デジタル化やＡＩ化が進んでも「今さらそんなことをしても……」と戸惑う方も多いでしょうが、どうも孔子は違ったようです。「耳順」からは、常に好奇心旺盛で、勧められれば新しいことは何でも試みる柔軟な姿を彷彿《ほうふつ》とさせます。

「耳順」は、また別の解釈もできそうです。放浪の旅に出た孔子には肩書がありません。自由の身になったからこそ出会えた人物もあったでしょう。そういう人物との意見交換は新鮮だったはずです。そうだとしたら、素直に話を聞くことができたでしょう。

祖国・魯に帰り、弟子の教育や書物の編纂に最後の力を注いだ七〇歳。相手を思いやる「仁」の精神が心の隅々まで行きわたり、自分の思いのまま行動しても人の道を踏み外すことがなくなったといいます。

よく「年寄りは身勝手になる」と言いますが、それとは正反対の心のありようです。「仁」の心をもって相手のことを常に考えていれば、自然とわがまま勝手な行動はとらなくなるのでしょう。誰もが到達してみたい、人としての理想の姿がここにあります。

『論語』を人生に活かした二人の達人

「活学」という言葉が、祖父・安岡正篤の考案したものかどうか、確かな証拠はありませんが、広辞苑にも載っていないことを見ると、あるいはそうなのかもしれない、とも思います。祖父が単なる漢学者でなかったのは、教養として東洋の古典を充分に咀嚼《そしゃく》した上で、この世で生きていく上での現実的な課題の解決に積極的に古典を活用しようと、試みた点にありました。

解決しなければならない課題を抱えているのは、個人の生活だけでなく、国家の運営や企業の経営も、また同様です。古典を現代の諸問題を解決する指針とすることが「活学」である、と祖父は説いていたのです。

その精神を、以下のようにまとめています。

知性、これによる知識というものは、これがなければ学問も発達せず、人間にとっては有用なものであるが、それ自体本質的価値のあるものではない。それだけでは人間としての生命・情熱・風格・安心・立命などというものにはならない。従って、いや論理学だ、哲学だといくらやったって、性命《せいめい》に力がつかぬ。信念や情熱を湧かす力にはならぬ。むしろそういうものをやればやるほど、神経衰弱のようになるのは当たり前のことであります。（略）

こういう風に学問というものは、先ず自分が主体になって、自分が積極的にはじめなければならない。つまり生きた学問、所謂活学をやらなければならない。心が照らされるのではなくて、心がすべてを照らしてゆくような学問をしなければならないのであります。

（『活学としての東洋思想』）

祖父の考える「活学」とは、学問を生きていく上での杖《つえ》とすること、すなわち心の支えとするだけではありません。現実の生活のあらゆる場面に応用して、心を整え、人との軋《あつ》轢《れき》を未然に防いで摩擦を回避し、自ら定めた歩むべき道を正しく進めるよう、自分を励まし勇気づけることでした。そのためにこそ学問はある、という考え方であったと思います。

「活学」は、さまざまな思惑が錯綜《さくそう》・複雑化し、変化がことのほか激しく、先の見通しが立ちにくい現代においては、とても有用なことではないでしょうか。

祖父は「活学」という言葉を考案し、それを実践して昭和の難局を乗り切ろうとしましたが、同じような精神で『論語』を体内に取り込み、明治の日本の経済の基礎を築き上げようとしたのが渋沢栄一でした。

著書『論語を活かす』にこうあります。

少なくとも今日では、家族の者に対するも、公の事を処するも、また知人と交わるにも、『論語』に拠（よ）って行わないものはほとんどない。

人に説諭するにしても、かような場合においては孔子はどう処したか、『論語』には何といってあるかと、皆一々『論語』を根拠として説いている。

余はもとより学者が『論語』を研究するように、考証的に読むのではなく、ただ『論語』の文字の上に孔子の精神の現れたるところを忖度《そんたく》して読み、その精神を実行するのである。

（『論語を活かす』）

渋沢と祖父、二人が共に説いているのは、『論語』が今なお読み継がれているのは、物事の原理原則が書かれた普遍的な価値を持つ古典であり、その古典を「活学」できれば、古典はいきいきと蘇《よみがえ》り、新鮮な感動と確かな指針を私たちに与えてくれるはずだ、ということです。

祖父は、よく口癖のように「人間、そんなに差なんかありゃせんわ」と言っていました。差があるとしたら、学んだことを活かすことができるかどうかだ。学んだだけで終わらせることなく、この世を生き抜く心強い杖として活用できるかどうか、人間に差があるとしたらこの点にある、と言いたかったのでしょう。

祖父はこんな言葉も遺しています。

世間或《あるい》は私を以《もっ》て漢学者と看做《みな》し、是の如《ごと》き道業を私の学のために邪路とする者もある。然《しか》しながら、若《も》し所謂《いわゆる》学者たることが、魂の自由なる飛翔《ひしょう》を封ずるものであるならば、私は生涯学者たることを断念するであろう。

（『安岡正篤 人生の法則』平岩外四・林繁之）

祖父は漢学者とみなされていますが、大学に残って研究を続けたとか、斯界《しかい》の泰斗《たいと》について学んだというわけではなく、基本は独学に終始しました。『論語』の解釈の仕方でも、「学者はこういうふうに訳すのが普通だけれど、それでは物足りないので、私はこう解釈する」といった部分がありました。在野の研究者ですから、またそれが許されてもいたのだと思います。実際、「私はこう解釈して日々の生活に活かしている」といった記述もあるのです。

古典を学問として考証する研究者の立場から見れば、あるいは眉《まゆ》を顰《ひそ》めるところもあったかもしれませんが、同じ時代を生きる人々にとっては、そこがまた魅力で、「そう、そう、そのとおり」と思わせてくれたのではないでしょうか。

すでにご紹介しましたが、「わからないことがあったとき、どうやったらその答えを導き出せるかを考えられるのが、本当の学問だ」――これが祖父の言葉でした。ひとたび学び方を知れば、どんな場面にも応用が利く。わからないことがあっても、答えを導き出す方法を自分で考えることで初めて学問が身につき、学問を自分の生き方に活かすことができるようになる。祖父はそれを教えてくれたのだと思います。

祖父の著書から、『論語』と活学について述べている箇所をもう一つ紹介しましょう。

現代を最もよく把握し、最も正しい結論を得ようと思えば、論語でも十分である、と言うても決して過言ではありません。ただ皆がそれほど読まないだけのことであります。論語を知らぬ者はない、また読まぬ者はないけれども、だいたいは「論語読みの論語知らず」に終わっておる。これは決して他人を責めるのではない、お互いにそうだということです。

そうして本当のことがよくわからぬ人間が集まって、てんやわんやと騒いでおる、というのが今日の時代であります。そこでこの時代、この人類はいかにすれば救われるかとなると、やはり学ばなければならない。正に論語に言うとおり「学ぶに如《し》かざるなり」であります。「終日物を思えども」何にもならん、お互い大いに学ぼうではないか。

（『論語の活学』）

『論語』の素読はどう効くのか

祖父は、「『論語』にしろ、他の古典にしろ、子どものころ本は声を出して読んでいたものだ」と、よく言っていました。

実は私は田舎に生まれましたので、従って子供の時は自然に親しみながら育ちました。そして幼少時代から親達の好みで、先《ま》ず四書五経《ししょごきょう》の素読《そどく》からはじまって、古典教育を受けました。

（『活学としての東洋思想』）

渋沢栄一の幼少期も、同じように素読の体験の中にありました。

余の郷里は、東京から二十里ばかり隔っている埼玉県下で、父祖は半商半農の稼業に従事していた。父は至って方正厳格で、百姓中にあっては学問を好む方で、文章を作ったり、書を書いたり、俳句なども作っていた。深くはないけれども好きな方であった。それで漢籍《かんせき》の経典《けいてん》を好み、十分ではないけれども、四書五経《ししょごきょう》を後藤点《ごとうてん》の朱注《しゅちゅう》で読み、本文だけでは不十分ゆえ、経典余師《よし》を用いて読んでいた。

余は父から最初素読《そどく》を習った。七歳位から始めて、まず『大学』を読み、次に『論語』を読み、その翌年であったと思うが、巻の二の泰伯《たいはく》篇のあたりに来て、父も忙しく、かつうちうちでは勉強のかいが薄いというので、五、六丁隔てたところの藍香《らんこう》（新五郎）のもとに通わされた。

（『論語を活かす』）

「後藤点」とは、高松藩の儒学者・後藤芝山《しざん》のつけた四書五経の訓点、「経典余師」とは、因幡《いなば》鳥取藩の儒学者で藩校尚徳館《しょうとくかん》でも教えた渓百年《たにひゃくねん》が書いた経書の簡明な注釈書です。

二人が体験した素読とは、言葉の意味や文章の内容は考えずに、大きな声で先生の後について教本を読むことです。素読は、江戸時代の藩校、寺子屋の伝統的な学習法で、子どもたちは、実生活に役立つ「読み書き算盤」の一つとして『論語』を素読し、その教えが行動の規範となっていきました。渋沢が『大学』や『論語』の素読に親しんだのは幕末、祖父が四書五経を素読したのは明治のことですが、戦前までは、それはごくありふれた日常の風景だったのです。

私は現在、「論語塾」の講師として全国各地で『論語』の講座を開催するほか、企業やビジネスパーソン向けのセミナーや講演活動を行っています。大人の教室では、あらかじめカリキュラムをつくって講座を進めていきますが、「こども論語塾」では、その日来ているお子さんたちの年齢層や人数などによって、読む章句や話の内容を決めています。子どもたちの表情やその日のお天気、季節やお節句などをテーマに、授業の冒頭にそれに関連するお話をしたり、一緒に古典を読んだりしてから『論語』の素読をします。

三〜四歳の小さなお子さんたちは授業を始めて一〇分もすると騒ぎだしますが、ほとんど注意をすることはありません。一年も論語塾に通っていれば、「ここでは静かにしないといけないんだな」と、周りの雰囲気から自然と気づくからです。

私が「静かにしなさい」と注意してしまったら、自分で気づくという貴重な機会を奪ってしまうことになると思います。実際、「新人くん」が入ってくると、一〇分もすると飽きてキョロキョロし始めますが、「キャリア組」はかつての自分を見るようにやさしく見守りながら、必要に応じて世話を焼いています。そんな様子を見ると、『論語』の言葉を通して着実に成長していることを実感できます。

小さいお子さんほど、大きな声で私の後について読むことを楽しめます。そして、何度も繰り返し読むうちに章句を覚えてしまいます。もちろん言葉の内容や意味などわかりませんが、繰り返し声に出すことで、章句の言葉やリズムがいつのまにか体に沁み込みます。不思議なことに何年かたつと、その言葉の内容や意味が自然とわかるようになるのです。無心で『論語』を読む子どもたちの体の奥に孔子の教えが浸透していき、体とともにどんどん成長していきます。中高生になると、少し人生経験を積み、理解力や思考力も育ってきて幼児のように無心にはなれないため、早く浸透する子とそうでない子の差が大きくなりますが、一度沁み込んでしまえば、時間がたっても大丈夫です。大人になっても消えません。むしろ年齢を重ねて深まっていきます。その子の成長過程や環境によっても違いますが、名文を素読することで、人間に必要な道徳、思考力、先を見通す力などがついていくのです。

祖父は「子どもの能力は無限です。幼いからといって決して幼稚というわけではありません」とよく言っていましたが、素読に励む子どもたちを見ていると、本当にそのとおりだと思います。「論語塾」に来ているお子さんたちが十数年後に社会に出たとき、同じ感性を持っている人が周りにいてくれればいいなと思います。就職し、家庭を持ったときに、会社の同僚や夫婦同士で感性を分かち合えるようになれれば、きっと平和な社会になると思うのですが……。

「心の故郷」として常に座右に置いておきたい十の章句

ここからは、いつも座右に置いて、迷ったり、不安を感じたりしたとき、心を安定させ平常心を取り戻せる、つまり心の拠り所となる『論語』の章句をご紹介しましょう。

『論語』は、いつ、どんなときに読んでも、また、どの章句を読んでも、気づきがあり味わい深いものですが、約五〇〇ある章句をすべて読むのは、かなり骨の折れることです。絞りに絞って十の章句を選んでみました。よく知られた有名な章句も入れてあります。

先が見通せないので不安だ、仕事の量が多くてきついと感じている方が増えているといわれています。そういうときこそ、ここに紹介する『論語』の章句を声を出して読んでみてください。心が落ち着き、結果として間違った判断を防ぎ、仕事もはかどるはずです。

一、人生を豊かにしてくれる三つの大切なこと

子曰《しのたま》わく、学《まな》んで時《とき》に之《これ》を習《なら》う、亦説《またよろこ》ばしからずや。朋有《ともあ》り、遠方《えんぽう》より来《きた》る、亦楽《またたの》しからずや。人知《ひとし》らずして慍《いきどお》らず、亦君子《またくんし》ならずや。《学而一》

子曰、学而時習之、不亦説乎。有朋、自遠方来、不亦楽乎。人不知而不慍、不亦君子乎。

（孔子先生がおっしゃった。「学習したら、そのことについていつでも時間さえあれば復習する。なんとそれは嬉しいことではないか。同じ志を持つ友人が遠方からやってきて語り合える。なんとそれは楽しいことではないか。誰も自分の実力を理解してくれなくても、不平不満に思わない。それこそ立派な君子ではないか」）

これは『論語』の冒頭の一章です。『論語』はこの言葉から始まります。とても有名な章句なのでご存じの方も多いと思います。江戸時代の儒学者・伊藤仁斎《いとうじんさい》は、この章句を「小論語」と称しました。『論語』全体を要約したものと捉《とら》えたからこその表現です。

学び続けていると、いつかきっと「なるほど、そういうことだったのか！」と腑《ふ》に落ちる瞬間が訪れます。そんな瞬間を味わえたら、なんと嬉しいことでしょう。孔子はまず、

学ぶ喜びについて語りました。

次は、一緒に学ぶ仲間についてです。真剣に学んでいると、同じ志を持った者同士が自然に集まってきます。その仲間と語り合えたら、なんと楽しいことでしょう。「朋」は同じ先生について学んだ仲間のことです。孔子の門下生は皆、「朋」です。もちろん学校の同窓生も、スポーツや芸術で同門の仲間も、皆、この「朋」になります。ただ一緒に遊んで楽しいというだけではなく、共に夢や志を語れる楽しさを述べています。

最後に君子が出てきます。人は誰でも正当に評価されたいという欲求を持っていますが、必ずしもいつもその欲求が満たされるわけではありません。むしろ評価されない場面の方が多いかもしれません。孔子は、理解されなくても不平不満を言わずに、自分の道を究《きわ》めていく人は、なんと素晴らしいのでしょう、それこそが君子だ、と説いています。

学び、友人、君子。『論語』の柱を成す三つの要素が、すべて語られています。まさに『論語』のエキスと言っていい章句です。この三つの要素が、孔子の豊かな表現力によって、さまざまに言い表されているのです。

孔子は学問について語っていますが、自分の仕事や、置かれた立場に当てはめて考えてみてはどうでしょう。どんな仕事もはじめからスムーズにできるわけではありません。考え、工夫してやってみる。うまくいかなければ教えてもらう。先輩の姿から密《ひそ》かに学ぶ。

そして実践してみる。それを繰り返しているうちに、実力がつき結果も出るようになります。あるいは最初は見当もつかなかった仕事や会社の全体像が、見えてくるようになります。その途中には、困難なことや、投げ出したり諦めたりしたくなることもあるはずです。そこを乗り越えた先に、達成感や一体感があると、孔子は継続してやり続けた者だけが味わえる喜びを熱く語っているのです。

孔子の門下生たちは、よき国造りをしたいという大きな志で結ばれていました。孔子の元で学んだあと、巣立っていき、仕官する先は皆バラバラです。戦乱の世ですから、就職を機に離れ離れになり、もう会えないかもしれません。そんな切迫した状況で学んだ者同士の絆《きずな》はとても固く、強くなります。やがて外交の場で再会する者もいるでしょう。孔子の元に帰ってくる者もいるでしょう。思いがけず何年ぶりかで再会できたら、さぞ話は弾むでしょう。共に学んだ頃の思い出か、現状を嘆く愚痴《ぐち》なのか。杯を交わして夜通し語り合う情景が目に浮かびます。志を熱く語れる友人はかけがえのない存在。苦しいとき、嬉しいとき、思い浮かべる顔があるのは幸せなことです。

ここに出てくる孔子の君子像は、簡潔で明瞭です。自分が評価されないことなど気にしない、と言っています。これは私たちがもっとも苦手とするところではないでしょうか。評価されたいから仕事をする、苦しいことも頑張れる、これは当たり前のことです。だから正当に評価されないと不満を感じ、人を非難したり、愚痴を言ったりするようになります。孔子は、人の評価など気にせずに、やるべきことをやり続けることが大事なのだと、この章句を締めくくっています。

なぜ、そんな境地に至れるのでしょう。そこには志があるからです。働いて収入を得る。企業は利益を生み出し、社員とその家族を養う。これは当たり前の活動ですが、それだけでは単なるお金儲けで終わってしまいます。

社会に依《よ》って立つ所以《ゆえん》は何なのか、人はどんな使命を持ち、どんな形で社会に貢献しているのか。企業には理念があり、社員一人ひとりには志があります。評価されないから投げ出すのか、志を遂げるために踏みとどまるのか。正しい判断ができるよう、孔子が寄り添い、背中を押してくれているように感じられる章句です。

二、先人の叡智や歴史の中に問題解決のヒントがある

子曰《しのたま》わく、故《ふる》きを温《たず》ねて新《あたら》しきを知《し》れば、以《も》って師《し》と為《な》るべし。《為政二》

子曰、温故而知新、可以為師矣。

（孔子先生がおっしゃった。「昔の人の教えや過去のことについて学習し、そこから新しい考え方や取り組み方を見つけられれば、人を教える先生となることができる」）

「温故知新《おんこちしん》」という有名な四字熟語は、この言葉から生まれました。私たちが日常使っている熟語や表現には、論語由来のものが実はたくさんあります。『論語』が古来、日本人の中にどれほど浸透してきたかがわかるのです。

「故き」は、歴史上の人物の言動や過去の出来事だけでなく、両親や恩師、先輩や友人の言動も含まれると解釈してもいいと思います。尊敬できる年長者を見習う。密かにあこがれる人物の生き方を参考にしてみる。こう考えれば、よりいっそう身近に感じられ、理解しやすくなります。

知識や技術は、やる気になれば、努力や工夫次第で誰でも身につけることができますが、経験だけは年長者にかないません。たとえ一年でも年下であれば、実体験は一年分少ないので、後輩たちは、先輩の助言には、まず謙虚に耳を傾けた方が物事が成功する確率は高まるはずです。

また「故き」を、人物や出来事だけではなく、企業や学校など所属する組織に置き換えることもできます。新入社員は入社すると、その会社の創業者や創業の精神や歴史を学ぶことになります。新人から見ると非合理的に思える考え方や慣習があるかもしれません。理解できない仕組みもあるかもしれません。しかし、創業の精神を知り、伝統がどのように引き継がれてきたかを学べば、共感でき、実際に役に立つこともたくさんあるでしょう。学校も同じです。建学の精神や伝統を知れば、学習や行事への取り組み方も変わるでしょう。母校への愛着や同窓生のつながりも強くなります。

まず過去を学ぶことから始めてみましょう。歴史を知らなければ正しい改革はできません。過去を知ることで将来を見通せるようになるからです。見通しを持てたら、今何をするべきかが見えてきます。成功例だけではなく、むしろ失敗例から多くを学ぶことができるはずです。

ところで、孔子にとっての「故き」は何だったのでしょう。孔子の生きた時代は戦乱の世でした。しかし、孔子が生まれる前には、政治も文化も充実したよき時代が長く続いていました。政治が乱れ、人々は私利私欲に走る現在と、よき時代とはどこが異なるのか、孔子が徹底的に学んだことは前述したとおりです。その結果、過去と現在の決定的な違いは、国を治める人物そのものにあることに気づきました。軍備でも経済でもなく、人だったのです。孔子が自信を持って人材教育に邁進《まいしん》できたのは、過去、すなわち「故き」理想の政治が行われてきた時代について学んだからこそなのです。

急激な進化や発展は、国や企業にとっても、また個人にとっても、大きな利便性や新しい価値を生み出す魅力的なものですが、同時に常に物事の原理原則に立ち返って考えることも大切です。経験したことのないような困難にぶつかり、苦境に立ったとき、あるいは難しい決断をしなければならないとき、答えは過去の歴史の中にあるといわれてきました。「温故知新」を有名な四字熟語として終わらせるのでなく、正しい判断に活かしてこそ意味があるのです。

三、よき人物から学ぶ

子曰《しのたま》わく、教《おし》え有《あ》りて類無《るいな》し。

《衛霊公十五》

子曰、有教無類。

（孔子先生がおっしゃった。「この世ではどんな教育を受けたかによる違いは生じるが、人間に、生まれつきの上中下といった種類などというものはない。人はすべて平等であり、よい教育を受ければ誰でも立派になれる」）

ピアニストを目指している、ある女子学生の話を聞いたとき、私はこの『論語』の言葉を思い出しました。ピアニストを目指しているのですから、猛練習をして演奏技術を磨くのは当然ですが、彼女はお稽古の前にピアノの鍵盤を丁寧に拭きます。先生方にお茶を入れるのも上手だそうです。ピアノ以外のこともきちんとしているそうです。家庭のしつけや親御さんの価値観が表れているように思います。コンクールで入賞する実力もありながら、人として大事なものも学生時代にきちんと身につけておく。それが結局、長い目で見れば、よき人生になるということではないでしょうか。将来プロのピアニストになったときにも、一度身についたよい習慣を忘れることはないでしょう。

よき習慣と、よき教え。おおむね、よき習慣は家庭で、よき教えは学校や社会で出会ったよき人物からの影響によって身につくものと言えるでしょう。よき人生に欠かせない二つの要素です。教えという言葉からは、学校教育を思い浮かべますが、むしろ学校を卒業してから学ぶことの方が重要かもしれません。学ぶことは一生続きます。本人の心がけがまず大切ですが、周りの先輩たちの導きも重要です。

孔子の考えの根本は、性善説です。性善説は孟子《もうし》が唱えましたが、その思想の根本は孔子の思想そのものです。孔子は生まれた時には、上中下などの差はない、と言い切りました。しかし、その後、どんな人物に出会い、どのような影響を受けたかで差がつく、としています。これから訪れる出会いを大切にしたいものです。

四、よい習慣を身につければ一生もの

子曰《しのたま》わく、性《せい》、相近《あいちか》し。習《なら》い、相遠《あいとお》し。《陽貨《ようか》十七》

子曰、性、相近也。習、相遠也。

（孔子先生がおっしゃった。「人の生まれつきというものは、誰も似たり寄ったりで大きな差はないのだ。生まれた後の習慣や学習の違いによって、その差が大きくなってしまうのだ」）

「性」は生まれつき持っている資質のことです。「相近し」はほとんど同じという意味です。「習い」は習慣のこと。「相遠し」はよい習慣を身につけているかどうかによって差が生じるという意味です。

孔子はいい資質を磨くものの一つが、よい習慣だと言います。挨拶はきちんとできているか、規則正しい生活をしているか、自分の持ち物を大事にしているか。こんな日常の当たり前のことを、大人になっても継続できることが大事です。

たとえば、会社に入ったときのスタートラインは変わらないのに、仕事をしていくうえで差が出るのはなぜでしょう。それは、日々、「仁」や「徳」を心がけた生活ができる人とできない人がいるからです。今日では、自分に備わっている「資源」を最大限に使って

自分をプロデュースするセルフマネジメントが求められています。また、常日頃から自分はもちろん、若い部下にもしっかりと将来のビジョンを持たせて、それを意識しながら仕事に取り組ませるのも上司の仕事です。

よい習慣は身についたら一生ものです。そしてそれは、あなたの人生をより豊かなものにしてくれるはずです。

五、見通しを立てて、自分で考える

子曰《しのたま》わく、人《ひと》にして遠《とお》き慮《おもんぱか》り無《な》ければ、必《かなら》ず近《ちか》き憂《うれ》い有《あ》り。

《衛霊公十五》

子曰、人無遠慮、必有近憂。

（孔子先生がおっしゃった。「もし、遠くまで見通す、深い考え方のできない人がいたら、必ず身近なことで困ったことが起こってしまうに違いない」）

この章句は、遠い先まで見通して行動しないと、必ず困ったことになりますよ、という警告にも聞こえます。一人ひとりが自分に当てはめて活かすことができる言葉です。

見通しを持つ、と一言で言っても、立場が違えば、その内容も規模も変わります。自分の現状に合わせて言葉を味わえるのが、『論語』の魅力の一つでもあります。ビジネスパーソンなら、どんな立場の人にも役に立つ言葉でしょう。

たとえば、新入社員は入社してすぐに研修があります。会社の歴史から社会的使命、仕事の内容やシステム、社会人としてのマナーまで研修プログラムがあるかもしれません。多くの課題を、仕事をしながら自分のものとしていかなければなりません。

毎日の業務に追われているうちに、入社前の意気込みや働く意義まで見失いそうになることもあるかもしれません。そんなとき、自分の仕事は、全体の中のどの部分を担っているのか、最終目標は何なのか、少し立ち止まって想像してみましょう。想像できなかったら、先輩に聞いてみるのもいいでしょうし、自分なりの見通しを立ててみるのもいいかもしれません。同じ仕事も心がけ一つで、見え方が違ってきますし、積み重ねてきた日々の違いは、将来の大きな違いになります。一年先輩、五年先輩を見て、将来の自分の姿を思い描くことも有効です。見通しを持つ習慣は、若いうちから身につけておきたいものです。

一方、上司として部下を抱えている人はどうでしょう。たとえば大きなプロジェクトが進行中だとします。全体の進捗《しんちょく》状況を把握しながら、各自に見通しを持たせるのも、上に立つ者の役目です。もちろん自分自身の見通しも持っていなければなりません。自分のことだけに集中できた若手時代とは、求められる視野が全く違います。つまずいている部下がいれば、速やかにフォローし、プロジェクトを進行させながら若手を育てることも重要な任務です。

かつて尊敬する先輩が、若者に向けて素敵なアドバイスをしているのを聞きました。

一番大切なことは志を持つこと。それだけで人生は変わる。たとえば目標に向かって努力を続けていると、あるとき、自分の立つステージが上がったことを実感する。立つ位置が上がると、少し視野が広がる。すると、「あれもしておかなければ。これもまだできていない」と、自分の未熟さに気づく。そしてまた研鑽を積んでいくと、あるときさらに一段ステージが上がったことを実感して、視野もさらに広がる。

志を持つということは、自分を高めていくと同時に、自分の未熟なところがどんどん見えてくることだ。目標に近づき、実力も認められ、地位も上がる。同時に視野が広がり、さらに遠くに広がる裾野が見え、さらに自分の至らなさに気づいて、カバーしようと、また頑張る。その繰り返しだ。だから地位が上がるほど、目標に近づくほど謙虚でなければいけない、と。

ビルの途中の階から見渡すのと、ビルの屋上から眺める景色は違います。その景色はその高さまで登ったからこそ見える景色なのです。上の者は、後から続く者に、彼らがまだ見ることのできない景色を説明しなければなりません。それが、見通しを持たせるということなのです。
孔子は原理・原則を述べています。だから応用が利くのです。大いに使いこなしたい人生の活学です。なお、この言葉は「遠慮」という熟語の出典でもあります。

六、リーダーが兼ね備えるべき二つの条件

曽子《そうし》曰《いわ》く、士《し》は以《もっ》て弘毅《こうき》ならざるべからず。任重《にんおも》くして道遠《みちとお》し。仁《じん》以《もっ》て己《おのれ》が任《にん》と為《な》す。亦重《またおも》からずや。死《し》して後已《のちや》む。亦遠《またとお》からずや。《泰伯《たいはく》八》

曽子曰、士不可以不弘毅。任重而道遠。仁以為己任。不亦重乎。死而後已。不亦遠乎。

(曽子が言った。「君子という高い理想を求める士という者は、その心が広く、意志が強くなければならない。その任務は重く、歩き通さねばならない道が遥かに遠いからである。最高の理想である仁の道を実現できることを自分の任務としているのであるから、それはまたなんと重いことであろうか。その責任は死ぬまで果たし続けなければならない。またなんと、遠いものではなかろうか」)

これは曽子が言った言葉です。曽子は孔子と四六歳も年が離れていたといわれますが、とても優秀な弟子で、孔子の教えを深く理解し、後世の人に伝える役目を果たしています。とくに親孝行の「孝」という概念を伝承したことで有名です。曽子の父親・曽皙《そうせき》も孔子の弟子でした。親子で孔子に入門していたことになります。

孔子を心から敬愛し、その思想を貪欲に学んだ曽子の言葉ということは、孔子が常々語っていたことと、ほぼ内容は一致するはずです。曽子が自分の言葉で孔子の教えを次の世代に語った言葉と言えます。

誰にでも尊敬する人物やお手本とする人物はいるでしょう。その人の言葉を大切に胸に刻み、座右の銘《めい》にすることも多いでしょう。しかしそれを学んで充分に消化し、自分の言葉で語るのはとても難しいことです。先生はこんなふうにおっしゃっていました、と先生の言葉をそのまま伝えることはそれほど難しいことではありませんが、それでは相手の感激は薄れてしまいます。自分の言葉で熱く語るから相手も感激するのです。借り物の、体裁のいいだけの言葉では相手の心には響きません。

この章句は、身の引き締まるような言葉で、崇高ささえ感じられます。孔子の後継者と目《もく》された曽子らしい誠実さと自分の任務に対する厳しさが、よく表れています。

まず初めに、志あるものは弘毅でなければいけないと、強く言い切っています。孔子の時代は政治が乱れ、私利私欲に走る政治家や官僚がいた時代です。その中で確固たる信念を持ち自分を律していくのは、かなり難しいことだったと思います。しかしそれができなければ責任ある地位に就く資格はない、と曽子は言っているのです。

高い志を持ち、正義を貫いているからといって、それだけで人がついてきてくれるわけではありません。そこに誠実さや人の気持ちを察することのできる温かさがあってはじめて、信頼されるリーダーになることができるのです。

私たちは、普段ここまでの意識を持って仕事に取り組んでいるでしょうか。私たちは、仕事を頑張ることで成果を挙げ、評価が上がり、その対価として収入を得ます。

では、そこにどんな志や意義があるのでしょうか。この言葉に触れるとき、私はいつも働く意義というものを自分の胸に問い直しています。そして薄れかけている自分の信念や情熱を奮い起こしています。

私が講師を務める「こども論語塾」では、子どもたちが自分の好きな言葉を発表する時間があります。幼い子も小学生も皆真剣に言葉を選び、前に出て発表しますが、この「士は以って弘毅ならざるべからず」を選ぶ子が増えてきました。まだ深く意味を理解できているわけではありませんが、澄んだ声で生き生きと読み上げる姿は実に清々《すがすが》しいものです。その声に、大人たちは改めて自分の身を引き締めています。これから社会に巣立っていく若い人にも贈りたい言葉です。

二五〇〇年前の孔子の時代も現代も、人の感性は変わりません。一生を通じて志を持ち続けられる人、そして温かい気持ちで人に接することができる人、心がけ次第で私たちもこんな素敵な人物に近づけそうです。

七、自分の心とじっくり向き合う

子曰《しのたま》わく、君子《くんし》は矜《きょう》にして争《あらそ》わず、群《ぐん》して党《とう》せず。

《衛霊公十五》

子曰、君子矜而不争、群而不党。

（孔子先生がおっしゃった。「君子は自分に対して厳しいが、人と争うことはなく、多くの人と親しみ和むことができるが、自分たちだけの偏《かたよ》った仲間づくりはしない」）


矜には憐れむ、厳《おごそ》か、慎む、誇るという意味があります。君子は自分に対して厳しく、同時に心の拠り所になるものを持っているので迷いもなく、自信を持って行動する。自分を厳しく律する人は、ときに他人にもそれを強要して争いを起こしがちですが、人と争うこともない。それが君子である、と孔子は言いました。

また、君子たる者、ただ常に正しいことができるだけでは不十分で、大勢の人と和やかに接するが、私利私欲や損得から偏った仲間と徒党を組むことはしない、とはっきり言っています。

孔子の言葉は、ごく当たり前のことばかりですが、人間は弱い存在なので、実際は仲間外れになるのが怖かったり、楽をしていい思いをしようとしたり、いざ実行しようとすると難しいことばかりです。

孔子の言葉に照らして、まず自分の心とじっくり向き合ってみることが大切です。誠実で正しい行いを実現できていると確認できれば、それは確かな自信に結びついていくはずです。

八、人は逆境に立たされたとき、その真価が問われる

子曰《しのたま》わく、歳寒《としさむ》くして、然《しか》る後《のち》に松柏《しょうはく》の彫《しぼ》むに後《おく》るるを知《し》る。《子罕九》

子曰、歳寒、然後知松柏之後彫也。

（孔士先生がおっしゃった。「一年で一番寒い時期になり、そこではじめて松や柏が落葉しない

ことに気づく。人も大事に遭遇してはじめて、その人の本当の価値が現れる」)

真夏の情景を思い出してみてください。街路樹も木立も校庭の木々も皆、葉を茂らせ、深い緑に覆われています。やがて秋になり、寒い冬が訪れるとどうでしょう。紅葉して葉を落とす木がある一方で、葉を落とさず、同じ姿のままの木があることに気づきます。常緑樹と落葉樹の差は、冬になってはじめてわかるのです。

孔子は移ろう自然に目を向け、その様子を人の生きる姿に重ねました。何事もない順調なときには、明るく前向きに職務に励み、人にも寛大でいられますが、ひとたび予期せぬ大事が起こったときはどうでしょう。冷静な判断や他人への気遣いができるでしょうか。日頃はどんなに正しいことを語っていても、緊急時の言葉と態度で、その人の本当の姿が現れるのです。

この言葉を講座で取り上げると、いざというときのためにどうしたらいいのですか、という質問を受けることがあります。孔子が残した数々の言葉の中に、その答えがちゃんとあります。よき習慣を身につけること、仁を忘れないこと、志を持つこと、これらのことを普段から心がけていれば大丈夫、とお答えしています。

朝、会社で顔を合わせたら「おはようございます」と挨拶するのは当たり前です。エレベーターに乗るとき、直接は知らない人でも一緒になったら会釈をします。困っている新人を見かけたら、自分の部署の人でなくても声をかけてみる。いずれも些細なことですが、こういった日頃の行動の積み重ねが習慣となり、その人を形作っていきます。

たとえば、会社でいきなりシステムダウンが発生したとき、どのように動いたらいいのか、優先順位は誰がつけるのか。一刻を争うときにゆっくり会議はしていられません。災害が起こったときも同じです。自社だけではなく、お客さまやお取引先、さらには社会全体に目を向けなければなりません。自分の担当分野以外であっても、手が空いていれば応援する、自分の知識や経験が活かせるところを見つけて積極的に動く。先を見通して段取りをする。きびきびと動けることが必要です。想定外の事が起こったとき、マニュアルが機能しないときこそ、人間力の発揮のしどころです。

私は宮城県塩竈《しおがま》市でも論語塾の講師をしていました。東北の震災後、論語塾は中断せざるをえませんでしたが、そんな中、論語塾に通ってきていたお子さんからお手紙をいただきました。

「三月十一日の夜、町内の人がみんなで食べ物を持ち寄りました。これから救援が来るまで、分け合いながら頑張ることにしました。そのときに、みんなの仁が見えました。いつもは見えないけど仁があることがわかりました」と書いてありました。そして「自衛隊の人が助けに来てくれました。自衛隊の人は凄いです。家族でもない人のために一生懸命働いていました。仁があるからです」。お手紙はそのように続いていました。

大事に遭遇したときのとっさの態度は、その人の本質を露《あら》わにします。仁ある行動は、子どもの胸をも打ったのです。大人の行動から多くを学び、その子がまた仁ある子に育っていく。国造り、組織づくりの原点は、人づくりです。

九、物事を身につける極意、自分を進化させる法則

子曰《しのたま》わく、之《これ》を知《し》る者《もの》は、之《これ》を好《この》む者《もの》に如《し》かず。之《これ》を好《この》む者《もの》は、之《これ》を楽《たの》しむ者《もの》に如《し》かず。

《雍也六》

子曰、知之者、不如好之者。好之者、不如楽之者。

（孔子先生がおっしゃった。「あることを知っているだけの人は、それを好きになった人には及ばない。それを好きになった人も、そのことを楽しんでいる人には及ばない」）

今、夢中になって取り組んでいることはありますか。たとえば野球やサッカー、水泳やマラソンなどのスポーツ、ピアノやヴァイオリンのような音楽、あるいは囲碁や将棋、絵

画など。もちろん日々の仕事や勉強、部活動やサークル活動、趣味の活動でもかまいません。どんなことにも必ずスタートラインがあり、そこからすべてが始まります。

スタートラインに立ったときは、皆同じです。最初から上手にできる人はいません。まずやってみて、知るところから始まります。何事も理解できたり、うまくできるようになったりすると嬉しいものです。知る喜びを実感できたら、もっと知りたい、もっとできるようになりたい、という気持ちが自然に湧いてくるでしょう。

知って、好きになる。それを繰り返しているうちに、気がつけば、楽しい気持ちになっている。これが物事を達成するときの理想の形だと、孔子は言いました。今の私たちにもぴったりと当てはまる考え方だと思います。

知って、好きになって、楽しむ。物事を極めていくときの三段階、と私は論語塾のお子さんたちに解説しています。初めから知っている人、できる人はいません。習って、練習して、学んで、考えて、自分でやってみて習得していきます。

これは、学校の教科やスポーツやお稽古事だけに当てはまるわけではありません。仕事においても同じことが言えます。新入社員は、その会社の歴史や創業者の想いを学びます。そして配属された部署で毎日働きながら知識や技術を身につけていきます。慣れない環境で仕事に追われていると、とても余裕は持てないでしょう。それでもひたすら取り組んでいると、あるとき、仕事の仕組みが理解でき、自分の担っている部分を俯瞰《ふかん》的に捉えられているると感じる瞬間がやってきます。「そうか、そういうことだったのか！」と合点がいく。そうすると、がぜんやる気が出てきます。

知って、好きになる、を何度も繰り返して、物事の理解が深まり、実力がついていきます。しかし、ここから先の楽しむ境地に至るまでは、果てしない道のりのように感じます。気がつけば心遊ばせ、楽しんでいる、という心境には、どうしたらなれるのでしょう。孔子ほどの人物でも、学問を楽しむとは言っていません。私はただの学問好きだ、という表現にとどまっています。

この言葉の「之」の部分に、学問やスポーツ、お稽古事、あるいは仕事を当てはめて考えてきましたが、人生そのものに置き換えてもいいかもしれません。人生とは何かを知る、生きることが好きになる、生きることを心の底から楽しむ。こんな三段階を実感できたら、なんと素敵でしょう。簡単にはできないことですが、こんなふうに考えることで、結果として学びも仕事も充実していくに違いありません。

生きることを楽しめるのは、富や名誉を得られるからではありません。志を持って、自分らしく、真剣に生きられるかどうかが肝心です。長い道のりの先に楽しめる境地が待っていてくれるのではないでしょうか。

十、仲間と一緒に学べば成長する

曽子《そうし》曰《いわ》く、君子《くんし》は文《ぶん》を以《も》って友《とも》を会《かい》し、友《とも》を以《も》って仁《じん》を輔《たす》く。

《顔淵十二》

曽子曰、君子以文会友、以友輔仁。

(曽子が言った。「君子は学ぶために仲間を集め、その友人のおかげで、仁の徳を磨くことができるのだ」)

これも曽子が言った言葉です。

「君子は文を以って友を会す」とは、一つのことを一緒に学ぶために、仲間を集めるという意味です。刺激し合う、助け合う、競い合う、これは仲間がいて初めて体験できます。学問だけではなく、仕事もスポーツも、どんな世界でも優れたライバルがいてこそ向上できるのです。

「友を以って仁を輔く」と続けた点が、曽子の素晴らしいところです。よき仲間と共に研鑽を積んでいると、実は皆の仁も大きく育まれていくと言いました。

孔子は、人にとって最も重要な資質は仁だと繰り返し説いています。誠実さや思いやりのことです。その大切な仁が、仲間と学ぶことで身につくのです。どんなに深い思いやりの心を持っていても、自分一人では発揮することができません。心が通じる、尊敬し合える仲間がいてこそです。

学ぶことも、仕事も、取り組み方には二種類あると思います。一つは自分一人でひたすらに努力し、能力を高めること。もう一つは、仲間と一緒に学ぶこと、働くことです。ここに紹介した章句は、後者の素晴らしさを語ったものです。人と関わるということは、そこに煩わしさがあります。その煩わしさこそが私たちの仁を磨いてくれるのです。

たとえば、自分の仕事に没頭しているときに、後輩から質問されたら、手を止めて対応できるのか。苦戦している人を見かけたら声をかけられるのか。実際はそこで後輩を助けたり、声をかけたりすることが、その人自身を大きく成長させてくれるのです。世の中は自分さえよければいい、というわけではありません。譲ったり譲られたり、待ってあげたり待たれたり。そんな余裕も大切です。

「友を以って仁を輔く」とはいい言葉です。友だち付き合いにもいろいろな形があります。どんな友人とどんな付き合い方をするかは、その人次第です。人生に目的を持ち、共に高め合える関係だからこそ、「あいつに会って、飲みたい、語りたい」ということになるのでしょう。

第三章　ビジネスの教科書とした渋沢栄一

産業と貿易こそが国を豊かにする源

中国人には思いもよらない『論語』の読み方が、日本にありました。『論語』によって日本の近代化を推進し、西洋列強に伍《ご》して国を富ませようとした人物がいたのです。

そう、「日本資本主義の父」と称される渋沢栄一です。

一八六七（慶応三）年、フランス皇帝ナポレオン三世の招きに応じて、パリで開かれていた万国博覧会を見学した日本の使節団一行は二九人でした。団長は江戸幕府第一五代将軍・徳川慶喜《よしのぶ》の弟で、一四歳になったばかりの徳川昭武《あきたけ》です。

ナポレオン三世はパリ市街の大改造を完成させ、当時のパリはヨーロッパ随一の近代都市となっていました。その「花の都」に、ちょん髷《まげ》に両刀を腰に帯びた日本の侍たちが出現したのです。

西洋文明のど真ん中にいきなり登場した彼らは、ナポレオン三世自慢の近代施設の一つ、パリの下水道を見学します。王宮のチュイルリー宮殿の裏手から地下に降りて下水道の中に入ると、人が並んで歩けるほどの広々とした空間があり、ガスや水道の配管も完備していたといいます。つるべ井戸が一般的で、汚水は川に流していた江戸の町からやって来た彼らにとっては、驚嘆する光景だったことでしょう。

万博の会場は、セーヌ河畔、後にエッフェル塔が建てられることになるシャン・ド・マルスと呼ばれる広場でした。

この万博では、世界各国の美術工芸品の他、産業革命によって生み出された当時の最先端の工業機械や最新兵器が展示され、遣欧使節団を圧倒します。近代文明の粋《すい》を見ようと、世界各地から押し寄せた見物客は一〇〇〇万人を超えたといいます。

使節団の中に二七歳の青年、渋沢篤《とく》太《だ》夫《ゆう》がいました。のちに経済界の大立者となって日本の近代化に大きな役割を果たす、若き日の渋沢栄一です。彼は旺盛な好奇心で、会場内だけでなく工場や銀行、証券取引所などを精力的に見て回り、感銘を受けるとともに、西洋列強に少しでも追いつくには、これから日本はどうすればいいのだろうと真剣に考えました。

産業革命はイギリスで起こり、フランスはずいぶん後れを取っていました。ナポレオン三世は「フランスの栄光を築き上げるのは産業だ。産業を興すのだ」との信念の下、フランスを近代化させることに力を尽くしました。

富国強兵の鍵が産業の近代化にあることを世界に知らしめたパリ万博ですが、渋沢は、近代化のコツのようなものがどこにあるのかを、必死で理解しようとしました。産業を興さねばならない、産業と貿易が国を富ます源《みなもと》なのだと、このとき自分の胸にしっかりと刻み付けるのです。

渋沢栄一は、一八四〇（天保一一）年に武蔵国榛沢郡《むさしのくにはんざわぐん》血《ち》洗島村《あらいじまむら》（現在の埼玉県深谷市血洗島）で生まれます。渋沢家は藍玉《あいだま》の製造販売や養蚕に加えて、野菜などの生産も手がける豪農だったそうです。商売柄、算盤は必携で、栄一は一〇代の頃から、一人で藍葉《らんよう》を仕入れに現在の群馬県や長野県方面まで出かけていました。その経験が後の経済活動に役立った、といわれています。

商売に興味があったようですが、一方で、学問好きだった父親は、栄一が幼い頃から古典の勉強にも励まさせたようです。七歳からの父親との『論語』の素読に始まり、翌年からは、従兄弟《いとこ》の尾高惇忠《おだかあつただ》の元に通い、四書五経や「日本外史」を学んだといいます。『論語』をはじめ古典を学び、吸収できる環境が備わっていたことも、渋沢に大きな影響を与えたといえるでしょう。

かつて私は深谷市を訪ね、渋沢栄一が生まれ育った場所の土地柄、生家の商売の様子などについて説明を受ける機会に恵まれ、本を読んだだけでは感じられない空気感を肌で知ることができました。賑やかに人が行き交う商いの現場や学問する姿など、渋沢のエネルギーが伝わってくるようでした。

やがて江戸へ出て、尊王攘夷の思想に目覚め、一八六三（文久三）年、高崎城を乗っ取って武器を奪い、横浜を焼き討ちした後、長州と連携して幕府を倒す計画を立てますが、従兄弟の尾高長七郎（惇忠の弟）の説得により中止。翌年、一橋家の用人・平岡円四郎《ひらおかえんしろう》のはからいで一橋慶喜に仕官することになり、六六（慶応二）年には、慶喜が第一五代将軍となったことに伴い、幕臣となります。

一橋家に仕官してから、ほんの数年で遣欧使節団の随員の一人に選ばれているところを見ると、相当才気走った若者に成長していたのでしょう。

しかし、一八六八（明治元）年、大政奉還に伴い帰国、翌六九（明治二）年に、大隈重信に説得され、大蔵省に入省します。井上馨《かおる》大蔵大輔《だいふ》（現在の財務次官）の下で大蔵大丞《だいじょう》（現在の課長クラス）を務めていたとき、予算編成を巡り、大久保利通や大隈重信と意見が対立し、一八七三（明治六）年、井上馨と共に退官することになります。

「『論語』の教訓に従って経済活動をする」

出世街道を順調に歩んでいた渋沢が退官するとき、周囲は激しく反対しました。「賤《いや》しむべき金銭に眼《まなこ》が眩《くら》み、官を去って商人になるとは実に呆れる」といった、先輩、同僚たちからの非難叱責を受けます。このあたりのことについて、著書『論語を活かす』で少し詳しく書き残していますので、引用してみます。

その頃余は有名な法律家玉乃世履《たまのせいり》氏とこのうえなく懇意で始終互いに忠告しあう間柄であった。

辞官の決心をした時に、井上侯（井上馨のこと）は「時機さえ来れば、野に下って意の如く行《おこな》うもよいだろう」との意見であったが、この玉乃氏は特に忠告された。

「君は現在官界でもかなりの位置であり、将来を考えても極めて有望であるのに、今辞職するのは実に惜しい。たとえ野に下って商人となっても、君にはとても金儲けはできまい。しかも世間からは軽蔑を受けて、生涯官吏の頤使《いし》の下に働く身分に堕ちるのは、君のために、はなはだ遺憾と思う。それも金儲けのためというならば仕方もないが、さもなければ他に方法もありそうなものではないか」と摯実《しじつ》な忠告をされた。

（『論語を活かす』）

このとき、渋沢栄一は三三歳。役人の肩書を捨てたとはいえ、政府と結びつきの強い自分に何ができるのだろうかと考えた末に、日本の資本主義の布石を成すような仕事に身を投じようと決意します。自分が先頭に立って日本の近代産業を育成するという大事業の始まりです。このとき、渋沢の心の支えとなったのが『論語』でした。

明治六（一八七三）年に官僚を辞めて、もともと希望していた実業界に入ることになってから、『論語』に対して特別の関係ができた。初めて商売人になるという時、ふと感じたのが、「これからは、いよいよわずかな利益をあげながら、社会で生きていかなければならない。そこでは志をいかに持つべきなのだろう」ということだった。そのとき、前に習ったことのある『論語』を思い出したのである。

『論語』には、おのれを修めて、人と交わるための日常の教えが説いてある。『論語』はもっとも欠点の少ない教訓であるが、この『論語』で商売はできないか、と考えた。そしてわたしは、『論語』の教訓に従って商売し、経済活動をしていくことができると思い至ったのである。

（『現代語訳 論語と算盤』渋沢栄一 守屋淳訳）

また、こうも書いています。

明治の初年に至っては世の中が騒がしくなり、我々もあちこちと東奔西走していたために、書物どころの話でなく、静かに『論語』を研究するというようなことはなくなった。

しかるに明治六年銀行業に携わることになると同時に、何か一身の舵を執って行くに必要なるものをと考えた結果、この『論語』のことを想い起こし、『論語』をもって商業を経営しようと決心するに至った。（略）

『論語』は決してむずかしい学理ではない。学者でなければわからぬというようなものでない。

『論語』の教えは広く実用に功能があるもので、元来わかりやすいものを学者がわざとむずかしくして、農工商などのあずかり知るべきものでないというようにしてしまった。商人や農夫は『論語』などを手にすべきものでないというようにしてしまった。

これは大なる間違いである。かくのごとき学者は、たとえばやかましき玄関番のようなもので、孔子には邪魔物である。こんな玄関番に頼んでは、孔子に面会することはできぬ。

孔子は決してむずかし屋ではなく、案外さばけた方で、商人でも、農夫でも、誰にでも面会して教えてくれる方で、孔子の教えは実用的の卑近な教えである。（『論語を活かす』）

渋沢は少年時代に素読で親しんで以来、長じてもなお『論語』を愛読し、孔子を尊敬していました。自著『論語を活かす』で、「半部の論語、天下を治む」（論語の半分で天下を治める）との成語を引き合いに出して、進路について反対する人々に敢然《かんぜん》と反論したことを記しています。

宋の趙普《ちょうふ》は「『論語』の半部をもって天子を輔《たす》け半部をもって身を修めた」といっているが、余は「『論語』の半部をもって身を修め、半分をもって実業界を救いたい覚悟でいる。どうか先永くみていてくれ」といった。（『論語を活かす』）

第一章で触れましたが、「半部の論語、天下を治む」について、少し解説を加えます。宋の趙普は、友人の趙匡胤《ちょうきょういん》に献策をし、彼に自ら授けた策を実行させて宋の王朝の太祖（初代皇帝）と成した人物です。趙普は元来読書が嫌いでした。宋の宰相となってから、太祖に忠告されてやむなく読書に励みますが、書物は終始隠して人に見せませんでした。死後、本箱が開けられると、そこには『論語』が一冊あるだけ。生前に趙普が、ある言葉を残していたことを、そのとき皆が思い出したと伝えられています。

「『論語』の半分で天下を取りましたが、残りの半分で陛下をお助けして天下を太平の世にしたい」と。

こんな話もあります。

趙普は太祖の弟の二代皇帝太宗にも仕え、あるとき命ぜられて新しい年号を選びます。ところがそれは蜀《しょく》の国がすでに使った年号だったので、恥をかかされたと怒った太宗は趙普の顔を筆で真っ黒に塗りたくってしまいました。教養のないことを恥じた趙普は、心を入れ替えて、それから読書に励むようになります。死後に本箱を開けると、半分にちぎれた『論語』の前半がポツンとあるだけでした……。

これらの逸話から「半部の論語」という言葉が生まれたのですが、渋沢はこの故事を知っていたのです。『論語と算盤』の中で、渋沢は「論語は万人共通の実用的な教訓を述べたもので、世間とのつきあい方を教えてくれる」といった趣旨のことを、繰り返し述べています。

社会福祉事業家の嚆矢《こうし》となる

渋沢は資本主義の礎《いしずえ》として五〇〇近くの会社を設立しただけでなく、実はそれ以上の数の社会事業を手掛けています。渋沢が打ち込んだ公共事業、社会事業の代表的なものとして、彼が亡くなるまで支援し続けた東京市養育院のことを記しておきます。

一八七二（明治五）年、できたばかりの東京府は、生活困窮者や孤児、身寄りのない老人などの社会的弱者を救うための保護施設として、現在の福祉事業の原点ともなる養育院を設立します。運営費は、江戸時代の町費（七分積金）が充《あ》てられ、これを管理していたのが当時官界にいた渋沢だったことが、養育院との関わりの始まりとなりました。

渋沢はその施設を見て、あまりに悲惨な状況に驚きます。老人も子どもも病人も、一つの部屋に乱雑に放り込まれていたからです。子どもの多くは捨て子だったために、笑い声も泣き声もなく、死んだような目つきだったといいます。

こうした環境が子どもにいかに悪影響を及ぼすか。心配した渋沢はまず、彼らを老人や病人とは別棟で生活させることにしました。こう書き残しています。

笑ふのも啼くのも、自分の欲望を母父に訴へて充《み》たし、或《あるい》は満たさんとするの一《ひとつ》の楽しみがある。

然《しか》し棄児即《すなわ》ち養育院の子供には夫等《それ》の愉快がない。自由もない。（略）故に私は家族的の親しみと楽しみを受けさするのが最大幸福であると自信《じしん》し、子供に親爺《おやじ》を与える工夫をした。


（『雨夜物語―青淵先生世路日記』）


つまり、施設の職員に、子どもたちの心の親になってやれ、と指導したのです。

渋沢は官界を辞して野に下った後も、養育院に関わり続け、一八七六（明治九）年に養育院事務長に任命されます。

一八八二(明治一五)年、東京府会はいきなり養育院の費用を廃止する動きに出ます。「慈善事業は、人から生気を奪い、人を堕落させることになるからよくない」という理由からでした。渋沢はこれに反対しましたが、翌八三（明治一六）年、養育院の廃止が決議されてしまいます。

そこで渋沢は、東京府知事と相談を重ね、今後も養育院を存続させるための基本財源づくりに奔走します。有力者からの寄付金だけでなく、一般府民に対しても寄付金の募集を行い、どうにか運営の目途をつけた渋沢は、一八八五（明治一八）年、東京養育院院長に就任します。

その後、養育院は、一八九〇（明治二三）年に東京市営となり、渋沢は引き続き院長として、九一歳で亡くなるまで養育院廃止論の逆風を受けながら養育院を存続させ、分院・専門施設を開設して事業を拡大しました。かつての養育院は、現在、高齢者のための医療や福祉の研究・実践を行う東京都健康長寿医療センターとなっています。数多くの会社を設立・経営しながら、同時にこのような社会福祉事業の継続・拡大に尽力していたのです。渋沢が関わった公益事業は六〇〇を数えるとされますが、そのうち純粋な社会事業だけでも養育院の他、中央慈善協会、博愛社（後の日本赤十字社）、愛の家など一〇〇ほどもあります。

教育関係では、現在の岩倉高等学校、一橋大学、日本女子大学、早稲田大学、東京経済大学、二松学舎大学など一五〇ほど。ことに教育に力を入れたのは、よい人材を育成し、社会に送り出し、彼らに活躍してもらって、日本全体を豊かにし、発展させたいとの思いが強かったからでしょう。

国際交流に関しても、日本国際児童親善会、ＹＭＣＡ環太平洋連絡会議などを設立し、日米の親善を願ってアメリカから贈られた「青い目の人形」への答礼品の企画調達を政府から依頼されたりもしています。

築地にある私の事務所の窓の外には聖路加国際病院の建物が間近に臨めますが、この病院の初代理事長を務めたのも渋沢でした。医療、福祉や教育、外交など、渋沢の果たした社会事業への貢献を考えると、「近代日本の資本主義の父」を超え、「近代日本を創った父」とも呼べる、より大きな存在だったのではないでしょうか。

「道徳経済合一説」の本質とは

ただ熱意があるだけでは社会事業に持続的に取り組むことはできません。会社経営の場合と同じように、渋沢栄一には『論語』の精神に支えられた「道徳経済合一説」の信念が根底にあったからでしょう。国が豊かになり、発展するためには利益と公益の循環が何より大切であるとの観点から、渋沢はその環境づくりに労力を惜しみませんでした。

直接すぐにお金にはならないけれど、良好な国際関係があってこそ国は富むことができるとの信念の下、渋沢が果たした民間外交について記しておきます。

一八六七（慶応三）年、二七歳でパリ万博使節団の一員としてヨーロッパを歴訪したときの経験は、その後の彼の事業に多大な影響を与えただけでなく、彼の視野を大いに広げることとなりました。海外の情報を積極的に入手した上で、国際的な視野で物事を考えられるようになったのです。

一九〇九（明治四二）年に、渋沢が結成した渡米実業団は、国内各都市の商業会議所（現在の商工会議所）会頭など経済界で活躍する民間人五〇人で編成され、三カ月にわたってアメリカのさまざまな企業や施設を訪問しています。六九歳の高齢で団長を務めたのが渋沢本人で、大統領のウィリアム・タフトの他、発明王トーマス・エジソンとも面会しました。明治期後半、アメリカでは日系移民の排斥運動が起こり、日本との関係は徐々に悪化していたため、渡米実業団は、両国の関係改善を図ろうとする民間外交の魁《さきがけ》でした。

一九一六（大正五）年には、さらなる日米関係の改善を目的として日米関係委員会を結成し、一九二一（大正一〇）年のワシントン軍縮会議では、「渋沢が日本の非公式代表であった」と報じられたほど、さまざまな条約締結の度《たび》に裏方として尽力していたようです。国の利益や経済の安定を守るためには、何はともあれアメリカとの関係を良好にすることが第一だと確信していたからです。

結局、渋沢の活動は実らず、一九二四（大正一三）年に「排日移民法」が成立しますが、渋沢はアメリカへの移民が制限される中、南米などへの日本人移民のプロモートも行っています。

一九二七（昭和二）年には、前に少し触れた有名な「青い目の人形」のエピソードが誕生します。アメリカ人宣教師シドニー・ギューリックの提案で、日米関係を修復するために日米の子どもたちで人形を交換し合おうという計画です。日本政府への協力要請がなかなか得られないので、ギューリックは渋沢に直接かけあいました。

当時、渋沢は八七歳。日本人の誰もが知る存在でした。よいと思ったアイデアにはすぐさま賛同し、実行に移す彼は、人形交換実現のために日本国際児童親善会という組織を立ち上げ、会長に就任します。社会事業には継続性が大切だとの信念を持ち、新しい事業を始める際には、まず協会などの組織を立ち上げ、自ら上位の役職に就く形を取ることが多かったようです。組織がないと周囲への説得力が生まれないことを、よく知っていたのでしょう。

まもなくアメリカから一万二〇〇〇体の「青い目の人形」が送られてきました。渋沢の音頭取りで、日本からは市松《いちまつ》人形を送り返しました。日米親善に一役買った「青い目の人形」は、全国各地の尋常小学校に飾られ、日本の子どもたちにかわいがられましたが、太平洋戦争が始まり、一九四一（昭和一六）年に名称が国民学校に改められると、敵国アメリカの人形など目障《めざわ》りだとして次々と取り外されていきました。諸外国と仲良くしなければ日本の発展はないという渋沢の思いは、いつしか忘れられてしまいます。

渋沢は、産業が発展し、貧富の差がなくなり、教育レベルが上がり、国際関係がよくなれば国は豊かになる、と信じていました。そのために私益と公益の循環を図る、というのが、彼の唱えていた「道徳経済合一説」の本質ではないかと思います。

お金持ちがよく考えがちな、財を成したから社会事業でも始めてみようか、という発想とは異なり、日本の経済、社会を成長させる必要不可欠な手段としての社会事業との考えだったのではないでしょうか。

なぜ岩崎弥太郎の申し出を断ったのか

渋沢が次々と会社を興して経済界で活躍した時期は、三井、三菱といった財閥が急成長していた時期と重なっています。財閥系企業のほとんどは会社の株式を公開せず、創業者の一族が経営トップの地位を占め、株式は一族で所有するなど、閉鎖的な経営を行っていました。

一方、渋沢が関わった企業は、多くが株式会社の形態を取り、広く民間から資金を募って会社を大きくしていきます。財閥系企業と比較すると、開放的な経営形態をとっていました。

渋沢は、日本での株式会社制度の初期段階から、その普及に大きな役割を果たしますが、それに続いて財閥も後に、傘下企業を次々と株式会社化していきます。けれどもその多くは、コンツェルンと呼ばれる本社と子会社との間の株式所有に基づく結びつきを前提とした、閉鎖的なものでした。

渋沢のやり方は、財閥の路線とは一線を画し、非財閥系の株式会社に関わり続けた独自のもので、会社経営を一族で固めるといった方法をとりませんでした。

こんな話が伝わっています。

あるとき、三菱の創業者、岩崎弥太郎が渋沢を東京・向島の料亭に招待し、こんな申し入れをしたそうです。

「渋沢さん、私と手を組まないか。私とあなたが手を組めば日本の経済はもっと発展するし、二人で日本の実業界を思うとおりに動かすことができる」

渋沢はためらわずに答えます。

「私はそんなことは望んでいない。財閥をつくって独占するよりも、いろいろな会社をつくり、できるだけ多くの人たちが利益を受け取れるようにして、国全体が豊かになるような方法で事業を進めていきたい」

渋沢が優れていたところは、三井・三菱を超えるような財閥をつくれるという自信や確信があったにもかかわらず、あえてそれをしなかったことではないでしょうか。幅広く資本を集めて、みんなが参加できる、裾野の広い株式会社制度を日本に根づかせたいと考えていたのです。

とはいえ、財閥が現代社会に残したよき遺産もたくさんあります。たとえば、多くの美術品の海外流出を防ぎ、また海外から買い戻し、それを後に美術館等として一般公開しています。財力と審美眼があったからこそできたことです。渋沢と財閥は、それぞれの立場は相容《あいい》れませんでしたが、後世に大きな影響力を及ぼしたことには違いがありません。

当時、「士族の商法」といわれて、武士階級の人が商売を始めると失敗するケースが頻出していました。商売に不慣れであったことに加えて武士のプライドが邪魔をしたのです。渋沢は武士の出ではありませんが、一橋家に仕え、幕臣となった後、大蔵省の役人となったのですから、超エリートのはずですが、商売が成功できたのは、生来エリート意識が希薄だったことに加えて、『論語』という力強い味方があったからだと思います。

また、直接人と会って話す「面談」を好みました。不便を承知で鉄道で旅をし、地方によく通い、講演も数多くこなしています。日本橋兜町《かぶとちょう》にあった事務所によく人を招き、わずかな時間でも、求めに応じて面談を重ねたといいます。非財閥であったことが幸いして、自由に人的ネットワークをつくれる環境にいたといえるかもしれません。

渋沢の著書には、よく「士魂商才」という言葉が出てきます。武士の精神と商売の才を共に発揮する、という意味です。この時代にしては、柔軟な考え方の持ち主だったと思います。

どんな事業を立ち上げるかについて、渋沢には原則のようなものがありました。日本にはまだないが、海外にはすでにあり、それがその国の国民の生活を豊かにしているものに着目しています。鉄道はじめ各種インフラがまさにそれで、大阪紡績会社を設立したのも、世界の産業革命はみな紡績から起こったことを熟知していたからです。保険業の立ち上げに尽力するのも、これが先進国に普及しながら日本にはまだなかったためでしょう。普及しているということは人々にとって必要なものだからだ、という信念ゆえの行動です。

「士魂商才」に加えて、もう一つの合言葉「道徳経済合一」は、「利益を上げながら多くの人々の幸福の実現である公益も追求する」という意味ですが、道徳と経済のどちらも欠けてはいけないという考え方は、明らかに『論語』が後押しをしてくれています。仁義道徳のない生産殖利はありえない。これが、実業家となった三三歳の頃から一貫して追求してきた生涯のテーマでした。

渋沢が株式会社という形態に強いこだわりを見せたのも、事業の利益を自分たちの「私利」にするのではなく、多くの人に還元したいという狙いからです。寄付を募る際には寄付者名簿の最初に自分の名と寄付金額を明示して、一人でも多くの人が参加するのを勧めました。特定の人物から多額の寄付をもらうより、たとえ一人当たりの金額は小さくとも、成功の暁《あかつき》にはより多くの人に富が還元されることを重視したからです。この方法を彼は、「合本主義《がっぽん》」と表現しています。

「孔子の教えのために不正の富を積むことはできなかったとしても、国家の富に向かっては、いささか微力を尽くした」と晩年に回顧した彼は、自らの信念をこう述べています。

孔子の教えと富とは一致すべきもので、仁をなせば富まないということは誤りであって、仁義を実行してこそ真の富が得られるのであると固く信じている。それで余は常に『論語』を離さないのである。

（『論語を活かす』）

また、こうも言っています。

商業家として一家の富を計るのは覇道であって、公利公益を勉むるのは王道である。いやしくも商業家の人格を唱えるならば、むしろ王道によるがよろしい。渋沢は金を持たぬけれども、この王道によって営業して来たものである。

（『論語を活かす』）

もう一つだけ、挙げておきます。

余は贅沢がしたいとか、驕奢を誇りたいとか、勲爵が欲しいとか、高位高官が望ましいとかいうような考えは少しも持たぬ。

ただ余は孔孟仁義の教えを守っていきたいと思っている。それも独りを慎んで一身の潔白さえ保って行かれればそれで結構だというような、消極的の道徳は好まない。『論語』にいわゆる「博《ひろ》く民《たみ》に施《ほどこ》して、能《よ》く衆《しゅう》を済《すく》う」《雍也篇》という積極的の方針をもって進みたいと思う。

といって、大行《たいこう》は細瑾《さいきん》を顧みずとか、尺を曲げて尋を延ばすというような都合主義でなしに、内に顧みてもやましくない、公明正大、俯仰《ふぎょう》天地に恥ざるところの立派な行いをもって、しかもこれを一局部に限らず、政治上にも、経済上にも、教育上にも、また道徳上にも、できるだけの力を尽くして一生を終わりたいと思っている。

(『論語を活かす』)

「経営学の神様」が認めた先見性

今、バブル経済崩壊後の日本経済を考える際に、短期的な自社の利益追求のみを重視する考え方が行き詰まっていることは、誰もが認めるところです。成長期には、大企業を中心とした利益第一主義の経済活動がうまく機能しましたが、低成長が長く続く現在は、持続的・長期的な視点と、自社の利益を追求するだけではなく、同時に公益の実現ができるかどうかが問われています。『論語』に支えられた渋沢栄一の基本的な考え方が、再び見直されていると感じているのは私だけではないでしょう。

経営学に多大な業績を残し、死後なお世界中に大きな影響力を保ち続けるアメリカの経営学者、ピーター・ドラッカーが、主著『マネジメント』の日本語版序文に、いみじくも次のように書いています。

率直にいって私は、経営の「社会的責任」について論じた歴史人物の中で、かの偉大な明治を築いた偉大な人物の一人である渋沢栄一の右に出るものを知らない。彼は世界のだれよりも早く、経営の本質は「責任」にほかならないということを見抜いていたのである。

（『マネジメント』Ｐ・Ｆ・ドラッカー　上田惇生翻訳）

渋沢が実践した、公益をないがしろにしない経済活動のあるべき姿は、現在は多くの企業が取り入れ始めているのではないでしょうか。

企業の社会的責任（ＣＳＲ）という考え方が急速に広まっています。これは、社会的な課題の解決と企業の利益の両立を目指すものです。これが渋沢の提唱した「論語と算盤」の理念と相通じ合うところがあるのは、経営者であれば誰でもわかることでしょう。ＣＳＲは比較的新しい言葉ですが、その理念は、すでに渋沢が明治から大正にかけて実践していたことなのです。

あまり知られていませんが、私たちが現在も身近に親しんでいる明治神宮の造営にまつわるエピソードを紹介したいと思います。

一九一二（明治四五）年七月三〇日未明、明治天皇は持病の糖尿病が悪化して崩御しました。翌日、日本橋兜町の渋沢の事務所を訪れた日本橋区会議長・柿沼谷蔵は、渋沢に思わぬことを依頼します。「明治天皇のご陵墓を是非関東にお造りいただきたい。これは日本橋全区民の希望である。どなたか有力な方に奔走をお願いしたいと思い、同じ区内にあなたがいらっしゃることを思い出し、お願いにうかがいました」と。

これを聞いた渋沢は、「なるほど、そう言われてみるともっともである」と応じ、「総理大臣の西園寺公望さんも宮内大臣の渡辺千秋さんも懇意の方だから、一応日本橋区民の意向を申してみよう」と答えたといいます。

八月一日、渋沢はさっそく阪谷芳郎東京市長、中野武営東京商業会議所（当時）会頭と皇居の近くの東京商業会議所に集まって当局への陳情について協議をし、官民連携し、委員を選定して御陵造営の請願をすることを決定します。翌八月二日、渋沢はさっそく西園寺首相と渡辺宮相に陳情したところ、明治天皇の意向で、陵墓はすでに京都・桃山と決まっていることを知ることになります。

これを受け、御陵に代わり神宮造営へと方向転換して、八月九日、渋沢らは有力者に呼びかけ、実業家、代議士、市当局者など一〇〇人以上が集まって神社創建の有志委員会を立ち上げ、協議や請願を続け、八月二〇日、計画の概要についての覚書を決議しています。

それは、神宮は内苑と外苑で構成する、内苑は国費で外苑は献費で造営する、場所は内苑は代々木御料地、外苑は青山練兵場を最適とする、外苑には記念宮殿、陳列館、その他林泉等の設備を設置するという、現在の明治神宮の構成と非常に近い内容のものでした。

この計画が新聞で報道されると、国民的な関心事となりました。一九一三（大正二）年、貴族院、衆議院で可決され、一〇月、閣議決定、一一月に原敬内務大臣から大正天皇に上奏、裁可され、神宮造営が決定します。一六（大正五）年に着工し、神宮の創建は二〇（大正九）年、外苑の完成は、関東大震災後の二六（大正一五）年のことでした。

「維新の三傑」をどう見ていたか

渋沢栄一が晩年に語り下ろした『論語講義』は、『論語』にまとめられている約五〇〇のすべての章句について、渋沢自身が体験し学んだこと、実際に遭遇した人や出来事、それに対する自身の考えや感想を下敷きにして解説を加えているもので、渋沢の『論語』に対する思いや見識が詰まった集大成といえる著作です。とりわけ興味深いのは、自身が実際に関わりのあった、幕末維新の多くの歴史上の人物たちのエピソードや人物評が語られている点で、幕末から明治にかけての貴重な歴史的な記録でもあります。

その中から、有名な章句、「君子は器《き》ならず」《為政二》の解説で、「維新の三傑」と称される大久保利通、西郷隆盛、木戸孝允の三人と勝海舟について、渋沢が身近で観察した印象を述べている箇所を紹介します。

「君子は、多くの人々を器物のように使いこなせる人でなければならない。孔子は、君子とは、特定の用途だけに役立つ器物のような人間であってはならず、器物を使う側の人間であるとおっしゃっている。すなわち徳を修めた人が人を使う側の君子であり、技術や専門知識を修めた人が使われる側の人という意味である」という説明に続いて、以下のような講義が加えられています。

もちろん人間である以上は、それぞれの人が身につけている技術や、専門知識に従って用いれば、誰でも何かの役には立つものである。箸は箸、筆は筆とそれぞれその道具に応じた用途があるのと同じように、人にはそれぞれ得意な一技一能が必ずあるものだ。ところが、一技一能が普通の程度をはるかに超えてすぐれていて、とても高い見識の人になると、一技一能にすぐれた器物らしいところはなくなってしまい、すべてにわたって奥底の知れない大きな器量や度量を備えた存在となる。

維新の三傑について私が観察したところを試しにここに述べてみよう。

大久保利通侯（内務卿、贈右大臣）は、私が嫌いだった人で、私も酷《ひど》く彼に嫌われたが、彼の日常を見る度に、「器ならず」とは彼のような人をいうのであろうと、感嘆の情を禁じえなかった。たいていの人はいかにその見識が抜きん出ていても、心の中で何を思っているかは、大体外から推測できるものである。しかし、大久保侯の場合は、どこに彼の真意があるのか、何を胸底に隠しているのか、私のような不肖者にはとうていはかり知ることができない、全く底の知れない人であった。だから、彼に接すると何となく気味の悪さを感じてしまうことがないでもなかった。これが私が何となく彼を嫌な人だと感じた一因だと思う。

西郷隆盛公（参議陸軍大将）はこれもなかなか見識のある偉い方で、「器ならざる」人に相違ない。同じ「器ならず」でも、大久保侯とはかなり異なったところがあった。一言でいえば、すこぶる親切な同情心の深い、一見してなつかしく思われる人であった。いつもいたって寡黙で、めったにお話をされなかった方である。外から見ただけでは果たして偉い人であるのか、鈍い人であるのか、ちょっとわからなかったものである。賢いとか愚かとかを超越した将に将たる君子の趣があった。

木戸孝允侯（参議内閣顧問）は大久保侯とも違い、西郷公とも異なったところのあった人で、大久保・西郷両公よりも、文学の趣味は深く、かつ考えたり行ったりすることがすべて組織的であった。しかし「器ならざる」点においては、大久保・西郷二傑と異なるところがなく、凡庸な人材でないことを示すのに充分な趣があった人である。江戸時代の儒学者・荻生《おぎゅう》徂徠《そらい》は「器なる人は、とかく器を用いないで、自分自身を用いてしまう」と述べているが、至言というべきであろう。この三傑は、人を用いて自分を用いなかった方々であったことは、私が実際に見たところである。

勝海舟伯も見識の高い人であったが、前の三傑と比較すると、どちらかというとよほど「器に近い」ところがあって、「器ならず」とまではいかなかったように思われる。「器ではない」人は今日もなお、官民問わず存在するだろう。維新の三傑に限ったことでないのはもちろんである。

（『論語講義』筆者現代語訳）

渋沢栄一の『論語講義』はこんなふうに続いていきます。このような自由自在な『論語』の解釈本は他にはありません。後世の私たちは、『論語』の解釈に加えて歴史上の偉人の人物像まで垣間見ることができるのです。渋沢栄一の鋭い観察眼と優れた表現力がいかんなく発揮された、まさに実践論語と呼ぶにふさわしい『論語』の解説本です。

渋沢の足跡をたどると、彼が常に国家をどのような形で発展させていくべきかを強く意識して行動していたことが感じられます。よき国造りといった漠然としたものではなく、健全な経済活動が活発に行われ、国民一人ひとりが精神的にも物質的にも豊かな国を理想としています。渋沢が語った「経済を離れた道徳は空論に過ぎぬ。道徳を忘れた経済はまたその終わりを全うせぬ」は、時代を超えて現代にも通じる普遍的な真理だと思います。

渋沢栄一の生涯

西暦	年号	出来事
一八四〇	天保一一	武蔵国榛沢郡血洗島村（埼玉県深谷市血洗島） 渋沢家の長男として生まれる。父は市郎右衛門、母はえい。実家は豪農だった。
一八四六	弘化三	従兄弟の尾高惇忠に『論語』をはじめとした学問を学ぶ。
一八五八	安政五	尾高惇忠の妹、ちよと結婚。
一八六一	文久元	江戸に出て海保塾の塾生となる。また千葉栄次郎道場で剣術も学ぶ。 尊王攘夷の志士たちと交流する。
一八六三	文久三	高崎城乗っ取りをはじめとする討幕の計画をするが、 尾高長七郎（惇忠の弟）の説得により中止する。 一緒に加わった従兄弟の渋沢喜作とともに京都に潜伏する。
一八六四	元治元	一橋家の用人・平岡円四郎のはからいで 喜作と共に一橋家に仕官、一橋慶喜に拝謁。
一八六七	慶応三	第一五代将軍　徳川慶喜の弟、昭武に従いフランスのパリ万博に随行する。
一八六八	明治元	大政奉還に伴い、フランスより帰国。一時静岡藩に仕える。
一八六九	明治二	静岡に商法会所を設立。大隈重信の説得を受け、大蔵省に出仕。
一八七三	明治六	上司・井上馨とともに大蔵省を辞任。第一国立銀行総監役に就任。
一八七五	明治八	第一国立銀行頭取に就任。
一八七六	明治九	東京養育院事務長に就任。

出典／深谷市渋沢栄一記念館HPを参考に作成

一八七八	明治一一	東京商法会議所（現在の東京商工会議所）会頭に就任。
一八八二	明治一五	妻ちよ死去。
一八八三	明治一六	伊藤兼子と再婚。
一八八五	明治一八	東京養育院院長に就任。
一八八七	明治二〇	日本煉瓦製造会社設立に携わる。翌年開業。
一八九六	明治二九	第一国立銀行が株式会社第一銀行となり、頭取となる。
一九〇〇	明治三三	男爵を授けられる。
一九〇二	明治三五	アメリカ、ヨーロッパ諸国を兼子夫人と共に訪問、国際親善に努める。
一九〇六	明治三九	鉄道国有化に尽力する。
一九〇九	明治四二	金融機関以外の事業会社、約六〇社の役職を辞任。
		渡米実業団団長としアメリカに渡る。
一九一五	大正四	パナマ運河開通記念博覧会の見学を兼ねて、日米親善のために渡米する。
一九一六	大正五	第一銀行頭取をはじめ金融界から引退し、社会公共事業に尽力する。
一九一九	大正八	第三代二松学舎舎長に就任する。
一九二〇	大正九	子爵を授けられる。
一九二一	大正一〇	ワシントン軍縮会議の視察を兼ねて渡米し、平和外交を推進する。
一九二三	大正一二	関東大震災が起こり、大震災善後会副会長となる。
一九二五	大正一四	『論語講義』を刊行する。
一九二七	昭和二	日本国際児童親善会会長として、日米の人形の交換に努める。
一九三一	昭和六	一一月一一日逝去。享年九二。

第四章

人材育成の要諦とした安岡正篤

原点は「混乱する日本社会で自分は何ができるか？」

私は大学生になって初めて、中国思想哲学に触れ、「陽明学」というものを知りました。そんな私が、陽明学を学ぶに当たり、最初に手にした本は、祖父の『王陽明研究』でした。当時はもちろん、現在でも、難解で、この本は理解できていませんが、この本の新序の中で、祖父は次のように書いています。

高等学校・大学時代、私は熱烈な精神的要求から、悶々として西洋近代の社会科学から、宗教・哲学・文学などの書を貪り読んだ。ダンテ、ドストエフスキー、トルストイ、ニーチェ、ワイルド、マルクスなども耽読した。セネカやモンテーニュやパスカル、アミエルなども好んで渉猟した。しかしどうも不満や焦躁の念に駆られ、深い内心の持敬や安立に役立たず、いつのまにか、やはり少年の頃から親しんだ東洋先哲の書に返るのであった。（略）「かつて極めて少数の者にしか通じそうもない学問を、何のためにそう熱心に没頭するのかと問われて、私はこう答えた。私には少数で十分だ。一人でも十分だ。一人もいなくても十分だ」と。「至善は外界からの手を求めない。内部から培はれ、それ自体から出でて全きものである」と。これはセネカの教えであるが、私もさう信じた。陽明も、天下悉く信じて多しとなさず。一人これを信ずるのみにして少しとなさずと説いている。この書はこういう心境で学問に没頭した時の所産である。（『王陽明研究』）

この部分は少なからず、私にショックを与えました。と同時に、遠い昔、幼な心に記憶している、書斎で書きものに没頭している祖父の後ろ姿が、ふと頭に浮かび、祖父の陽明学への熱い思いを感じ、身の引き締まる思いをしたことを今でもよく覚えています。

私の祖父、安岡正篤《まさひろ》は一八九八（明治三一）年、大阪に生まれます。生家は、学者や作家、書家や画家などがよく訪ねてくる家で、幼い頃から近所の春日神社の神官・浅見晏斎《あさみあんさい》にかわいがられ、学校の行き帰りはほとんど神社で勉強していたそうです。漢籍や漢詩は晏斎先生から教えていただいて、四書五経を素読し、幕末・明治の陽明学者・岡村閑翁《おかむらかんおう》にも親しんで、大きな影響を受けたといいます。その頃のことをこのように回想しています。

私は幼少の頃から四書五経を教へられ、日本外史や十八史略を読まされた。それは今日我々青年やそれ以下の子弟にとって、全く真実《しんじつ》とは思はれぬほど時代錯誤的な事実かも知れないが、少くとも私はその時代錯誤的な教育を受けた。

（『東洋の心』）

古今を問わず偉人といわれる人物には、必ず、その秘められた可能性の片鱗《へんりん》を思わせるような、少年時代のエピソードが、いくつかあるものです。

中国明代の思想家・王陽明は、九歳のとき、父親の仕官に伴い現在の北京へ移り住み、同時に塾に通い始めます。しかし、何ものにも縛られることなく自由に振る舞う陽明は、塾の先生の手にあまり、しばしば勤勉実直な父親を憂慮させる少年であったようです。

ある日、陽明は塾の先生に、「天下第一等のこととは何ですか」と尋ねます。「読書して国家試験に合格することが第一です」と先生は答えますが、陽明は納得せず、「国家試験に合格することが第一ではなく、読書し聖賢《せいけん》となる道を学ぶことこそが第一ではありませんか」と反論します。

この陽明の様子を見て、かねてより陽明の非凡なる資質を感じていた彼の祖父は、大変喜んだといわれています。陽明は、この頃からすでに、大人の持つ価値観に疑問を感じ、朧気《おぼろげ》ながらも自分の人生の目的を定めていたといえるでしょう。

またある日、町で遊んでいた陽明は、ふとしたことで、人相見に出会います。その人相見は、陽明の顔を見て大変驚き、「この子は将来、必ず国家に役立つ大人物になる」と予言します。そして陽明の頭を撫《な》でながら、「頬鬚《ほおひげ》伸びるとき、聖人の入り口に達し、鬚が胸の上に伸びるとき、聖人に近づき、そしてその鬚が胸の下に達するとき、まさに聖人となるだろう」と言い、最後に、「将来ある身であるから、読書に励み自重自愛なさい。この予言が思い当たるときが来るはずである」と付け加えて去って行きました。

これを機に、陽明は人が変わったように読書に没頭し、自分の学問を深めていったといわれています。

この陽明のエピソードに似た話を、私は祖父から聞いたことがありました。

祖父がまだ幼い頃、家に客人として訪れた人相見に、祖父の母親が、「この子の将来はどうですか」と尋ねると、お燗《かん》番をしていた祖父の顔を見て、「この子は、山に捨ててお いても、誰かが食べさせてくれるだろう。それに一生、人に頭を下げるということがないだろう」と言ったそうです。

祖父は晩酌を楽しみながら、ときどき、「私は、人相見に『この子はお金は溜《た》まらんが、食べるのには困らん』と言われたんだ。今考えると、本当にそのとおりだねえ」と言っていました。そして、「夕飯時になっても、私が家に帰らないと、おっ母さんが心配して、あたりを捜すんだ。すると私は近所の家に上がり込んで、そこの家族と一緒に、しっかり夕飯を食べているんだ。これには、おっ母さんも呆《あき》れておったよ」と、頭を撫でながら、少し照れくさそうに、それでいて嬉しそうに、少年時代の話をしてくれました。

また一方、祖父には、小学校の卒業式の日に、同級生の女生徒にお酌をさせて、酒盛りをしたという、豪快なエピソードもあります。祖父には、幼い頃から四書五経を諳《そら》んじ、神童と呼ばれた一面と、小学生で酒盛りをしてしまうような型破りな一面があったようです。

大阪の四条畷《しじょうなわて》中学に入ると剣道にも熱中したそうです。第一高等学校入学に際し、高知の名家の系譜を引く安岡家に養子に入り、上京します。

中学、一高の学生時代の感じやすいころ、この第一次世界大戦とその後の精神的・社会的混乱を身にしみて体験し、これは何とかしなければならん。それについて自分の微力で何ができるかということを考える。（略）そして、子供のときから育ってきた日本の歴史的・伝統的な教養に基づいて、東洋文化の真髄を究明することに、思いを致すに至ったのである。

（『安岡正篤先生年譜』）

と、のちに述懐しているように、自ら歩む道を見いだしたのは早かったようです。

一九一九（大正八）年、東京帝国大学法学部政治学科に入学。在学中に『支那思想及人

物講話』を出版し、続けて、冒頭に紹介した『王陽明研究』を書き上げています。この本の出版により、二〇代にして早くも陽明学の第一人者と目《もく》されました。大学を卒業し、いったんは文部省に入りますが、まもなく職を辞し、わが道を行くこととなります。

一九二三（大正一二）年、当時隆盛だった大正デモクラシーの風潮を憂慮し、伝統的日本主義を掲げて「東洋思想研究所」を設立します。以降、機関誌「東洋思想研究」は、祖父の論文執筆の場として大きな役割を果たします。

「東洋思想研究」の刊行、陽明学研究会の発足と相前後して、一九二七（昭和二）年に祖父の考えに共鳴する有力者、酒井忠正伯爵の支援を得て、小石川原町《はらまち》（現在の東京都文京区白山）の伯爵邸内に金鶏《きんけい》学院を創設します。学院の名前は伯爵邸内の金鶏園に由来します。日本精神と東洋思想を研究し、国家を支える人材の育成を目的としたこの学院には、初年度、各地から推薦によって選ばれた塾生として、全国から二〇名以上が集まったといいます。併設された寮で祖父自身も院生と起居を共にし、全人教育を行いました。

金鶏学院の開所式で、祖父は、この私塾の目的についてこう述べています。

「当院は敬虔なる道場であり、君子の倶楽部であり、聖賢の学の研究所である」

そして、満州事変が起きた一九三一（昭和六）年、金鶏学院の下部組織として日本農士学校を、埼玉県菅谷之荘《すがやのしょう》（現在の埼玉県比企《ひき》郡嵐山《らんざん》町菅谷）に開校します。学生募集要項には「広く山沢の健児を募る」とあります。金鶏学院で養成した人材を指導者に充て、それぞれの地域でリーダーとなる人材を育成することを目的に、農村の青年たちを対象にして、東洋哲学と実習を含む農業者となるための基礎知識の二本立てのカリキュラムを実施します。こちらも全寮制の学校でした。

一九四三（昭和一八）年、「山鹿流政治論」を読売新聞に発表し、当時の東条内閣を暗に批判します。翌四四（昭和一九）年、小磯国昭《こいそくにあき》内閣の要請により大東亜省顧問に就任。四五（昭和二〇）年、「終戦の詔勅」の刪修《さんしゅう》（余分な字句や文章を削り去って文章を整理すること）を行っています。

終戦の混乱のさなかのこと、わが家にはこんな話が伝わっています。祖母が、私の父（安岡正篤の次男）や父の妹である叔母（同次女）を仏間に呼んで、懐剣を前に置き、こう言ったといいます。

「お父様は、きっと戦犯になります。そうなったら私は後を追います。あなたたちはついてこられますか」

叔母はまだ小学校低学年で、母親の言っている意味がわからず黙っていました。父は男子ですから、ついていかなければいけないと思って「はい！」と答えたそうです。父の話では、祖母は叔母の無邪気な顔を見て死ぬのを思いとどまったとのことでした。安岡家が、それほど緊迫した状況にあったことが想像できます。

志と教養を併せ持つ人材を育成する

終戦後、祖父が心魂を傾けた金鶏学院や日本農士学校をはじめとする各団体や学校は、ＧＨＱ（連合国最高司令官総司令部）の占領政策によって解散を命じられ、土地、建物は接収され、祖父ら主要なメンバーは身を引くことになります。また、大東亜省奉職を理由に、祖父は公職追放となりました。

この頃のエピソードを、長年祖父の秘書を務めていた方から聞いたことがあります。公職追放から戻ってしばらくたっても、幸いにして焼け残った金鶏学院に「ヤスオカはいるか」と進駐軍が頻繁に押しかけてきたそうです。祖父は平素と変わることなく、自然体で応対していたようですが、土足のまま室内に上がろうとした米兵には、「靴を脱ぎなさい」と静かに注意もしていたそうです。

また、進駐軍の中にも日本の文化や伝統に興味を持ち、学ぼうとする心ある人もいて、時折、祖父の元を訪ねてくることがあったそうです。祖父は、そういう人たちに対しては、懇切丁寧に所説を述べて、東洋の心、日本の心を理解してもらうよう努めました。はじめは「ヤスオカ」と呼び捨てにしていた彼らが、やがて「ミスター・ヤスオカ」と呼ぶようになり、さらには「プロフェッサー・ヤスオカ」と敬意を表してくれるようになったそうです。

たとえば、天皇制について質問された祖父は、こんな話をしたといいます。

「私はあなたの国を旅したことがありますが、アメリカ国旗に対する人々の敬虔な姿を見てきました。あなたの国の国民は国旗に対して厳粛な誓いをしています。同じように、およそどの国家でも、国旗、元首、憲法など、国民の拠《よ》り所《どころ》というものがあります。

わが日本では、皇統が連綿《れんめん》として二六〇〇年続き、国民の心は天皇を戴《いただ》いているのです。

もし連合軍がその日本国民の心を無視して、占領政策を行ったとしたら、それは大変な間違いです」と。

「あなたの国が国旗を大切にしているように」と、説明を受けたその兵士は、「本当の日本人を知った」と感激して握手を求めてきたそうです。

一九四九（昭和二四）年、混迷のただ中にある日本を憂《うれ》える各界の有志の声に推《お》されて「師友会」を結成します。やがて各地に支部ができて、「全国師友協会」へと発展していきます。機関紙「師友」（後に「師と友」に改称）に文章を載せ、全国各地へ足を運び、教化活動に邁進します。国の将来を担う人を育てるべく、尽力する日々でした。

一九七〇（昭和四五）年に「財団法人郷学研修所」を創設したのは、日本農士学校での郷学の学びを受け継いだものと言えるでしょう。郷学とは、それぞれの郷里が生んだ偉人に学び、彼らの精神の中の、その地方に脈々と伝わる文化的伝統を大切にしようとする学問です。学問にはそれを生んだ風土というものがあり、その風土に培《つちか》われている学問を振興して、強い志と教養とを併せ持つ人材を育成するというのが、祖父の一貫した強い信念だったようです。

一九八三（昭和五八）年、八五歳で亡くなります。現在も著書、講演録、それらを基にしたＣＤなどが数多く出版され、多くの方々に読まれ続けています。

「あらゆる人生の経験をなめ尽くせ」

祖父は戦前、「陸の大川周明《おおかわしゅうめい》、海の安岡正篤」などと盛んに新聞に書かれたことがありました。祖父の著書『王陽明研究』に感銘を受けた八代六郎《やしろろくろう》海軍大将の推薦で、海軍大学校で講義をしていたことから、海軍に親しい方々が多く、米内光政《よないみつまさ》海軍大将や山本五十六《いそろく》元帥とも親しく、三国同盟に反対したり、戦争終結に向けて密かに活動していたともいわれています。

また、陸軍でも、今村均《いまむらひとし》大将や本間雅晴《ほんままさはる》中将などと親しく、本間中将に推挙されて小磯国昭首相の顧問を務め、その縁で一九四二（昭和一七）年に創設された大東亜省の顧問に就任しています。

一方、たとえば一九三二（昭和七）年、日蓮宗の僧侶で「一人一殺」を唱える国家主義者の井上日召《いのうえにっしょう》を中心に組織された右翼グループにより、大蔵大臣・井上準之助《じゅんのすけ》、三井合名理事長・団琢磨《だんたくま》が暗殺された血盟団事件に、金鶏学院の関係者が関わっていたため、一時関与を疑われたこともありました。祖父は、事件からまもなく「金鶏会報巻頭言」にこんな一文を書いています。

看病中驚かされたのは暗殺血盟団のことである。関係者に金鶏学院出入者が多く、殊に四元・池袋両君の如きは兎に角曽て院生（昭和五年度生）となっていた者である。新聞にはわざ〳〵「金鶏学院を中心に」などゝ面白く見出しをつけてあったものもあるので、諸方面の知人を大分騒がした様であるが私はこれまたいたく深省せしめられた。

王道は天下の為と雖も一民の命をも忽にせぬものである。日本武士道は最もよくその敵を敬重することを教える、雑兵を相手にすることを恥ずる。無益の殺生否、殆《ほと》んど殺生を禁断していると思える。我々が止むを得ずして起つ時は天下環視の下に堂々義師を動かすべきで、暗殺の様なことは断じてとらぬ。
それに天下を救うは一朝一夕で出来ない。幾段にも構成せられた人材陣が必要であり、また出来るだけ精透な時務眼と更に厳粛な徳操もなければならぬ。天下を憤るは易いが、天下を救うは難い。出でゝ蒼生を誤る自任的英雄が如何に多いことか。それを思えば青年は先ず修養して、軽挙するなというが私の平生の切論であった。然るに時事に痛憤する余り、此処の理を深解する余裕が無くなってしまって二三君をして遂にあすこに至らしめたことは返すぐ〳〵も残念である。

（近懐雑録〈昭和七年四月二九日発行　金鶏会報巻頭言〉）

血盟団事件に、金鶏学院関係者が関わっていたことに大きなショックを受け、反省の弁を述べるとともに、暗殺行為を批判し、天下を救うためには何より自己修養が大切であると述べています。

この例にとどまらず、暗殺事件や革命運動に影響を与えたのではないかと誤解を受けたこともあったようですが、祖父は抗弁することなく、この頃抱いていた思いについて多くを語ることもありませんでした。その機会が充分に与えられなかったということもあったかもしれませんが、古典を学び、それを「活学」として、常に目の前の国家の問題解決に活かそうとしていた祖父の視線は、過ぎ去った過去ではなく、常に前を向いていたのではなかったかと思います。

かつて長く祖父の秘書的な役割を担っていた方から、外から見ていた自分のような者には理解できなかったかもしれないが、昭和に入ってから終戦までの間、日本の時局のこと、若者たちが血気に走って事件を起こしたり、自身が丹精込めて育てた若者が関わったりする度に、先生は、きっと普通の人が経験しないような精神的な苦悩を感じ、その苦悩を通して、自身の人間力をさらに養ってこられたのではないかと思う、という話を聞いたことがあります。

祖父は、よく講演で、「人物鍛錬の根本的条件は、怯《お》めず、臆《おく》せず、勇敢に、そして己を空しうして、あらゆる人生の経験をなめ尽くすことだ」「人物となるには、人生の艱難《かんなん》辛苦《しんく》、喜怒哀楽、利害得失、栄枯盛衰を勇敢に体験せよ」と言っていましたが、それはそのまま祖父自身の覚悟を示し、同時に自身を鼓舞する言葉ではなかったかと思うのです。

日本農士学校で実践した「郷学」とは

金鶏学院、およびその下部組織であった日本農士学校で、教育者である祖父の目指すところは、修養の学を達するべく、その実践の場を作ることにありました。国家が健全な精神を保ち、永遠に存立するためには、質実剛健な人材教育が急務だと考えていたからです。そこでキーワードとなるのが、「郷学《きょうがく》」という考え方でした。郷学について、祖父は「郷学とは」と題して、次のように述べています。

「学問には、知識を広め事物の理法を究めることと、自分を修める修養の学とがある。修養の学とは、第一に、人生いかなることが起きても湛然《たんぜん》と処し得るように、『人間学』を修めることである。第二は、地方郷党《きょうとう》（郷里を同じくする人々）の先賢を顕彰《けんしょう》し、その風土に培われている学問を振興して、志気を振起することであり、これを郷学《きょうがく》という。歴史を繙《ひもと》くと、民心が頽廃《たいはい》した時にこれを救ってきたものは、中央の頽廃的な文化の影響を受けず、純潔な生活を保っている地方郷村の志士の力であった。この道理はいつの世でも変わりがない。

このような意味から、常に郷党の先賢の事績を探り、その人物学問によって、それぞれの郷里に確固たる信念と教養を持つ人材を養成することが『郷学』の目的である」と。

この信念に基づいて開学したのが日本農士学校であり、後年の一九七〇（昭和四五）年に設立した「財団法人郷学研修所」でした。

一九三一（昭和六）年五月、祖父は、埼玉県菅谷之荘に青年の育成機関・日本農士学校

を開校します。昭和六年は、この本のもう一人の主人公・渋沢栄一が、九一歳で亡くなった年です。日本農士学校の用地は、鎌倉時代、源頼朝を支え、鎌倉武士の花と謳われた畠山重忠《はたけやましげただ》の晩年の館跡でした。

祖父が書いた設立趣旨が残されています。そのころの日本の荒廃した教育状況を憂《うれ》い、目指すべき教育のあり方が語られています。

人間に取って教育ほど大切なもののないことは言うまでもない。国家の運命も国民の教育の裡《うち》に存すると古人も説いている。真に人を救い世を正すには、結局教育に須《ま》たねばならぬ。然るにその大切な教育は今日如何なる有様であろうか。

今日の青年は社会的には悪感化を受けるばかりで、其の上に殆ど家庭教育は廃れ教育は学校に限られて居る有様である。そして一般父兄は社会的風潮である物質主義功利主義に知らず識らず感染して、只管《ひたすら》子弟の物質的成功、否最早今日となっては卑屈な給料取たらしめんことを目的に（実は今日それも至難になってきて居る）及び隣人への虚栄から力を竭《つく》して子弟を学校に通わせる。その群集する子弟を迎えて学校は粗悪な工場と化し、（略）師弟の道などは亡び、学科も支離滅裂となり、学校全体に何の精神も規律も認められなくなり、その為に青年子弟は、何の理想もなく、卑屈に陥り、狡猾になり、（略）

男児に雄渾な国家的精神無く、女子に純淑な智慧徳操が欠けてしまった。これで我等民族、我等の国家は明日どうなるであろうか。（略）かゝる時国家の新生命を発揚した者は、必ず頽廃文化の中毒を受けずに純潔な生活と確乎たる信念とを持った質樸剛健な田舎武士である。（略）国家の明日、人民の永福を考える人々は、是非とも活眼を地方農村に放って、此処に信仰あり、哲学あり、詩情あって、而して鋤鍬《すきくわ》を手にしつつ毅然として中央を睥睨《へいげい》し、周章《あわて》ず、騒がず、身を修め、家を斉《ととの》え、余力あらば先ずその町村からして小独立国家にしたてあげていこうという土豪や篤農や郷先生を造っていかねばならぬ。是れ新自治（面白く言えば新封建）主義とも謂うべき真の日本振興策である。

（『菅谷之荘七十年史』）

当時の日本は、経済恐慌から抜け出せず、国家の荒廃は深刻でした。一九三〇（昭和五）年には、前年秋のニューヨーク株式市場の大暴落に直撃され、昭和恐慌に突入していました。以後、日本を苦しめる不況が、慢性的、長期的な様相を呈し始めたのが、日本農士学校設立の時期と重なります。昭和恐慌でもっとも酷い打撃を受けたのは農民でした。

当時、日本の代表的農産物の米と繭《まゆ》の価格が、急激に暴落します。一九三〇（昭和五）年の春、繭は前年の半値以下となりました。米価の暴落は、東京と大阪の期米《きまい》市場（米の定期取引市場）を一時休会するという異常事態を招きました。

その結果、一九一四（大正三）年の農家の借金は一戸平均一三五円でしたが、三二（昭和七）年には六倍以上の八三七円となり、農家平均の一年分の所得よりも大きな額となりました。利子や元金の支払いを滞納すれば、借金の担保になっている農地を取り上げられ、小作人の身分に転落します。「娘身売の場合は当相談所へおいで下さい」との貼り紙が、村役場の前に掲示される暗い世相の時代でした。

当時の日本の人口は約六〇〇〇万人、全国の農民の数は三〇〇〇万人、土地を持たない小作農がこのうち八〇％を占めていました。

この頃、祖父は当時の内大臣・牧野伸顕《まきののぶあき》に宛てた手紙にこう書いています。

「社稷《しゃしょく》永安の計を立てんには（略）鎌倉武士の如く屯田訓練により都会を去って各郷村に真自治の風を興すに如《し》かず」

祖父が見通した終戦後の日本のかたち

日本農士学校の入学資格は「各種中等学校卒業者及びそれと同等以上の素養ありと認むる者にして、郷土を興し国基を固むべき修養学問に志す者より選抜す」とあり、実際には県知事などの推薦状を得た、全国各地の篤農家《とくのうか》の子弟たちが入学してきました。修養年限は二年で、完全寄宿生活です。

講義項目は次のようなものでした。

日本精神及び国体の究明、東洋先哲の学の参究、農村開拓の偉人研究、東西自然詩人の人物作品研究、他国民精神究明の為の外国偉人研究、時事解説並に批判、習字、武道及び士気を滋養作振すべき音楽、農芸一般に関する知識及び公民としての教養、作物、園芸、畜産、生産品加工などの実習。

祖父は学監として東洋哲学の特別講義を受け持ちました。

二三ヘクタールの広大な敷地の中に教育施設や農場を配置し、農業指導者、篤農家、国会議員、県会議員、市町村長などを、数多く全国に送り出しています。

終戦直前の八月一〇日、祖父は日本農士学校の職員や学生を学校の講堂に集め、「休戦ニ際スル告辞」を述べています。

当時大東亜省の顧問を務めていた祖父は、終戦前にたびたび極秘の会合に出席し、八月九日から一〇日にかけて急遽行われた最高戦争指導会議、御前会議でポツダム宣言を受諾することが決定したことを知って、この告辞を書いたのではないかといわれています。

昭和二十年八月十日全校の諸子に対し痛恨極まりなき一事を伝えんとす　諸子夫れ能く肝に銘じ骨に刻して忘るるなかるべし（略）即ち日本は自ら敗戦を認め世界の平和と人道との為に敵国に降服したるなり（略）是実に内に於ては道義の頽敗、外に在っては科学力及政治力の未熟の結果なり此の敗戦の後に来るものは戦争にも増す苦痛と紛乱と屈辱となること亦明瞭なり

小人奸人其の間に跋扈し異端邪説横行して国民帰趨に迷うべし此の邦家《ほうか》の辱を雪《すす》いで天日の光を復すべきもの実に諸子の大任なり　諸子夫れ深潜厳毅以て自己人物を錬磨し鎮護国家の道約を果すに遺憾なからんことを期せよ（読みやすくするため、原文のカタカナ部分を平仮名にしています）

（『菅谷之荘七十年史』）

一九四六（昭和二一）年一月、日本農士学校は、ＧＨＱの占領政策で解散・財産没収となり、祖父も公職追放となります。その後、日本農士学校の伝統を継承しつつ、財団法人日本農学校、埼玉県立興農研修所と形を変え、一九六二（昭和三七）年に学校としての役割を終了します。

かつて日本農士学校があった場所の一角に、一九七〇（昭和四五）年、祖父は、財団法人郷学研修所を設立したと、すでに述べました。その敷地内には、日本農士学校旧蹟碑が

あり、碑の向かって右側に大きく育った楷《かい》の木が植えられています。

楷の木は、直角に枝分かれすることや葉がきれいに揃っているところから、「楷書」の名の由来となったといわれています。別名はクシノキで、孔子の生まれ故郷、中国山東省曲阜にある孔子の墓所に、弟子の子貢が植えた木が代々植え継がれていて、日本にある楷の木のルーツの一つは湯島聖堂にあります。湯島聖堂の孔子像の脇にある楷の木は、大正時代、孔子の生まれ故郷の曲阜から持ってきた種子で育ったものだそうです。その木から苗木を育てて、孔子に縁のある全国のさまざまな場所に植えられています。

楷の木は、私が最初に「こども論語塾」を開いた文京区小石川の伝通院にも植えられています。『論語』を真剣に学ぶ団体に限って分けてくださるとの話を聞き、塾を開いて一年後、なんとか軌道に乗ってきたので、ご住職に「楷の木を植樹したいのですが」と相談したところ、快諾してくださり、植樹する場所まで定めてくださいました。さっそく、私が湯島聖堂・斯文会にお願いし、湯島聖堂理事会の許可を得て苗木を分けていただいたものです。

日本農士学校旧蹟碑の隣にも、そして伝通院さんにも同じ楷の木が植わっていることは、祖父と中国古典、とりわけ『論語』との縁を考えると、感慨深いものがあります。

地方で講演させていただくと、高齢の方が、「私は農士学校の何期生でした」と控室まで訪ねてきてくださることがあります。「先生の言葉で人生が変わりました」とか、「あのときに教えていただいたことが地元に帰ったときに全部役に立ちました」などといったお話を聞かせてくださいます。

すでに何十年も昔、青年時代のほんの数年間の出来事だったにもかかわらず、卒業生の方々の人生にとって、農士学校で学んだ期間がそれほど濃密な時間だったことを改めて感じます。これこそが祖父が本当にやりたかったことだったに違いない、祖父の思いは確実に実を結んでいたと、当時を楽しそうに振り返る農士学校出身者の誇らしげな顔が教えてくれているように思えるのです。

祖父の「痛恨の極み」

一九四五（昭和二〇）年八月一五日正午、ラジオから全国民に向け、昭和天皇ご自身による終戦の詔勅が放送されました。祖父は、詔勅の原案の删修《さんしゅう》に携わっていました。祖父が朱を入れた詔勅のコピーは、現在も安岡正篤記念館に展示されています。

祖父の次男である私の父は、「安岡正篤記念館」理事長時代に、「父・安岡正篤の無念」と題した一文を書いています。

父・安岡正篤の無念

最近、「義命」の意味をよく尋ねられることがあり、その都度『終戦詔勅』と父との関わりあいを思い起こされる。

「義命」については、すでにご存知の方も多いと思うが、出典は中国春秋時代列国の興亡と人間群像を描いた『春秋左氏伝』であり、その中の「成公八年」にある「信以て義を行い、義以て命を成す」に拠るものである。

また元朝の名臣張養浩の名著『為政三部書』の「牧民忠告」にも「君子は則ち義を以て命に処し、而して命を以て義を害せず。以て進めべくんば則ち進み、以て退くべくんば則ち退く」と「進退」と「義命」について論じている。

父は、己がいかなる人間かという自省のうえに立って、どのような問題に遭遇しようが（命）、良心の判断（義）を以てあたり、自らを誤魔化すことをしない。そこに「以義成（処）命」の真の意味があるのだと説いている。

また『終戦詔勅』の刪修《さんしゅう》・加筆にあたって、特に「義命の存する所」と「万世のために太平を開かむと欲す」の文言を加えた。しかし「義命の存する所」は難しいとして削除され「時運の趨《おもむ》く所」と変更された。

「時運の趨く所」とは風の吹くまま、なるようになって降伏することであり、もってのほか、道義・良心のもとに降伏するのであるから「義命」でなければならない。そうでなければ「万世のために太平を開く」の意味も全く否定されてしまう。このご詔勅は今後の日本の運命がかかっており、歴史上千古の惜しむべき失敗であると、父から度々聞かされたことがあった。

時の指導者の安直さを嘆き、己の魂も傷つけられた父の心情を察すれば、まことに無念の一語に尽きたのであろう。

（『安岡正篤と終戦の詔勅』関西師友協会編）

一九六二（昭和三七）年、郵政省で行われた講演で、祖父は「詔勅の話は原則としてせぬことにしているが、思いがけなく大臣が触れたので誤解のないよう註釈をいたします」と前置きして話しております。「痛恨の極み」を、生涯忘れることはなかったでしょう。

師友会と「一燈照隅運動」の真意

祖国の復活を願う祖父の思いに共鳴した有志からの要望を受け、一九四九（昭和二四）年、祖父は「師友会」（後の全国師友協会）を設立します。師友という名前を掲げる会を設立することは、祖父の念願でした。吉田松陰の『士規七則』の「徳を成し、材を達するには、師恩友益多きに居る」、すなわち人間は師の恩や友の益によって成長するものである、人間は師と友が大事であるとの思いを込めて「師友会」と名づけたといいます。

最初に祖父が掲げたのは、日本の天台宗の開祖・伝教大師（最澄）の『山家学生式《さんげがくしょうしき》』にある「一隅を照らす、これ則ち国宝なり」という言葉をもとにした「一燈照隅《いっとうしょうぐう》　万燈照国《まんとうしょうこく》」という言葉でした。

「たとえ一人ひとりの掲げる燈火は小さく乏しくとも、その小さな明かりでせめて自分の足元から周りまで照らしていこう。そういう努力を積み重ねていくことで、それが周囲に及んでいく。同じ思いを抱く同志が増えていけば、一燈が万燈になり、国をあまねく照らし、しかる後に日本も変わる」という意味です。

当時は終戦後の混乱期で、右翼、左翼ともに極端な言論を展開し、祖父は彼らと活発に議論していたようです。労働運動や学生運動は先鋭化し、社会は不安定きわまりない状況にありました。

戦前、行動右翼から攻撃されたのと同様に、このときもやはり、祖父の意見は理論的右翼のものに過ぎず、自分たちのように体を張っていない、そんな生ぬるいやり方ではだめだと、方々から批判されたそうです。

しかし祖父は、「大言壮語するより、まず、人間としての基本から離れず、生業《なりわい》を重んじ、隣人を愛し、怠慢な利己を恥じて地道にやっていくことが大事である」という考えを貫き、初志を曲げることはありませんでした。決して人の目を引くような華々しいものではありませんでしたが、それこそが正しい道であると信じて行動を続けたのです。若者向けに書かれた著書には、こうあります。

おのおのがそれぞれ一燈となって、一隅を照らす、すなわち自分が存在するその片隅を照らすこと。この「一隅を照す」は、伝教大師がその著「山家学生式《さんげがくしょうしき》」のなかに、提唱しておることとです。

なんで片隅を照らすなど、心細《ぼそ》いことを言われたのか——とよく考える人がある。大光明を放つとでも言ってもらいたいところです。しかし聞くだけなら愉快だが、人間みずから大光明を放つことなど、どうしてなかなか出来るものではない。

つまらない人間も「世界のため、人類のため」などと言います。あれは寝言と変わらない。寝言よりももっと悪い。なにも内容がない。自分自身のためにも、親兄弟のためにも、ろくなことができない人間が、どうして世界のために、人類のために、なんて大口きけるか。

それよりも、自分が居《お》るその場を照らす。これは絶対に必要なことで、また出来ることだ。真実なことだ。片隅を照らす！　この一燈が萬燈《ばんとう》になると、「萬燈遍照《へんしょう》」になる。こういう同志が十万、百万となれば、優に日本の環境も変わりましょう。（『青年の大成』）

一九五九（昭和三四）年には、「世直し祈願・万燈行大会」という行事を始めています。この年、伊勢湾台風の上陸で大きな被害が出て、ラジオで伊勢神宮も被害を受けたとの報道を聞いた祖父は、弟子とともに伊勢へお見舞いに行っています。幸い、伊勢神宮の宮司さまや神官さまの中にも祖父に共鳴する人たちがいて、御垣内参拝《みかきうちさんぱい》といって、御垣の中に入って参拝することを許されました。

宮内には、たくさんの巨木が植えられていたにもかかわらず、御垣内に倒れている木は一本もなかったそうです。その神意の大きさに心を打たれた祖父は、「世直し祈願・万燈行大会」と銘打ち、それから毎年伊勢神宮へのお参り会を呼びかけます。伊勢詣でを契機に「世直し」の機運が高まっていきました。多くの賛同者を得て、一九八二（昭和五七）年まで約二五年間続くことになります。

全国各地での教化活動に、政界や経済界で祖父を慕う人材が続き、彼らは時を経て、日本のリーダーとなっていきます。

一方、祖父は「一世の師表《しひょう》」（人々の模範となること、あるいはその人）、「天下の木鐸《ぼくたく》」（人々を教え導く人）などと呼ばれる存在になっていきますが、それらは、古今東西の歴史と古典の学びに裏付けられた現実の諸問題への的確なアドバイス、すなわち「活学」に勇気づけられた人々が祖父に捧げた敬称だったのではないかと思います。

「政財界の指南役」の本当の役割

たとえば、祖父は、時の総理大臣からいろいろな相談を受けるようになり、「歴代総理の指南役」などと呼ばれることがありましたが、本人からすれば、そのような立場であるなどという意識はまったくなかったといいます。もちろん具体的な政策について意見を述べることなどなく、古典に基づいて、トップとしての心構えや文章上の表現について話をするというお付き合いだったと、祖父の近くにいた方々は語っています。

政治家として一番付き合いが長かったのは、佐藤栄作元首相でした。七年八カ月の総理在職中、施政方針演説、所信表明演説だけでも二一回あったそうですが、祖父はそのすべてに目を通していたといいます。後に寛子夫人は、インタビューに応えてこんな話を披露しています。

「一番印象に残っているのは、引退表明演説の中の『啐啄同機《そったくどうき》』という言葉です。卵が孵化するとき、卵の中の雛は自分のくちばしで破ろうとし、親鳥も外からその殻を破ろうとする。そのタイミングが一致するからこそ、雛鳥はこの世に生を受ける。その絶妙な自然の摂理を表現している禅語です。

主人は在職中よく『待ちの政治家』といわれ、なかなか実行に移さないと陰口を叩かれたこともありましたが、主人に言わせると、機が熟するのをじっと待っていた、啐啄同機の時を待っていたということになるんですね。安岡先生は、実に主人にふさわしい言葉を用意してくださいました」

多くの経済人の方々とも親しく付き合っていたようですが、後に経団連会長になられた平岩外四さんが東京電力の社長に就任されたとき、祖父は清の政治家・曽国藩《そうこくはん》が自らを律するために座右の銘とした「四耐四不訣《したいしふけつ》」という言葉を贈っています。

冷に耐え、
苦に耐え、
煩に耐え、
閑に耐え、

激せず、
躁《さわ》がず、
競《きそ》わず、
随《したが》わず、
もって大事を成すべし。

平岩さんは、「四耐四不訣」について、後にこう回顧しています。

「私はこの言葉を拳拳服膺《けんけんふくよう》（肝に銘じて常に忘れないようにすること）しました。私には、あの書だけが頼りだったのです。

私はこの四耐四不の言葉を、毎朝三度口ずさみ、昼もまた口ずさみました。あれを唱えながら行動していると、一つも不自然さがなかったんです。何事も、そのまま受け取れてそのまま行動できました。

それから、毎日呪文のように口ずさんでいるうちに、孤独感とか、辛《つら》いとか、そういうことが自然となくなっていって、辛いのは当たり前のことだと思えるようになりました。そうすると、辛くなくなるわけです。ですから、私が社長業に励む上で、本当に精神と実践の拠り所になりました。この言葉で救われた、今日まで生きる支えとなってきた、と私は思っております」。

（『安岡正篤　人生の法則』平岩外四・林繁之）

追求し続けた古典の真の価値とは

さて、政治学者でも、経営学者でもない祖父の話が、多くの政治家や経営者の心に届いたのはなぜでしょう。

『論語』に、「君子《くんし》は義《ぎ》に喩《さと》り、小人《しょうじん》は利《り》に喩《さと》る」《里仁四》という言葉があります。君子は正しいか正しくないかで判断する。一方、小人は、どれが一番得かで選んでしまうという意味です。祖父はこの言葉について、次のように語っています。

経済と道徳、利と義というものが両立しないもののように考えるのは、もはや笑うべき愚見であります。いかなる物質的生活問題も、すぐれた精神、美しい感情、たのもしい信用などにまたなければ、本当の幸福にはなれません。経済の安定、まことの成長というものになりません。技術の発達に伴う経済的国際化が各国民の差別をなくすように思う人がございますが、これも浅はかであります。それは国民の特質をなくすことではなくて、国際的進歩に和して、いかにますますその国民の特質を発揮するかということが大切であります。機械的・物質的経済をもって、国民の将来を決定するなどと考えてはなりません。国民の将来を決定する真の力は、常にその国民の精神力・人格的努力であります。心ある人々は、どうしてもこの「義に喩《さと》る」ということが大事であります。利ということばかりを考えておってはついに利になりません。（略）

あらゆる物質的生活問題も、それを有効適切に解決するのには、深い精神的・感情的要素がなければなりません。経済をもって人間の将来を決定する要件だという考えを持つものは、その経済を決定するものは、精神的・道徳的努力であるということをさとるのが、もっとも大切なことであります。

（『論語の活学』）

義と利は経営者にとって、永遠のテーマですが、経営者の指南書でも、経営学者の解説書でもなく、祖父が引用する古典の言葉にその答えがあったということでしょう。二五〇〇年前から語り継がれていることに耳を傾け、もう一度自分のこととして考えてみる。すると自ずと進むべき道すじが見えてくる。これが古典の力であると思います。人類の知恵の集積である古典の中には、必ずあてはまる原理・原則、普遍の定理があるからです。

物事の根本はすべて同じなのだと思います。学問するのも、経営をするのも、科学技術の開発も、政治もすべて人の営みです。ＡＩも人間が開発し、人間が活用します。そして責任は人間にあります。どんな分野でも、関わる人がどんな人物なのかがすべてと言えるでしょう。祖父も、この点についてこう指摘しています。

　科学だ、技術だ、繁栄だというても、さらには政治や経済、あるいは学問だというても、長い目で見ると、実に頼りないものである、はかないものである。それはその中に存在する大事な根柢を忘れておるからである。根柢を把握しない技術や学問は人間を不幸にするだけである。それに翻弄されて、いわゆる運命に弄《もてあそ》ばれて終るだけである。しかし少しく冷静に観察すれば、その奥にもっともっと大事な、厳粛な理法というものが、道と言うものがある筈である。この理法を学び、道を行じなければ、われわれは何物も頼むことはできない。

（『立命の書「陰騭録《いんしつろく》」を読む』）

　物事の根本にある普遍の原理・原則が最も大事であると言っています。それを学び、それを自分のものとして、どんなことが起きても軸がぶれることなく、的確に判断し、行動できるようにする。その有力な方法の一つが古典を活用することである、と説き続け、自ら実践してきたのが祖父だったのではないかと思います。

安岡正篤の生涯

西暦	年号	出来事
一八九八	明治三一	大阪市旧順慶町において堀田家の四男として生まれる。父は喜一、母は悦子。やがて河内（東大阪市）に転住する。
一九〇四	明治三七	小学校に入学。四書の「大学」から素読を学ぶ。
一九一〇	明治四三	日下小学校卒業。四条畷中学校に入学。剣道部に入部。教官は維新前は小倉藩の剣術指南役だった。
一九一五	大正四	安岡家に入籍。
一九一六	大正五	四条畷中学校を卒業。第一高等学校に入学。
一九一九	大正八	第一高等学校を卒業。東京帝国大学法学部政治学科に入学。
一九二一	大正一〇	『支那思想及人物講話』を出版。
一九二二	大正一一	『王陽明研究』を出版。東京帝国大学を卒業。亜細亜文化協会研究所を創設。「東洋思想研究」を発刊。
一九二三	大正一二	東洋思想研究所を設立。『天子論及官吏論』を出版。
一九二四	大正一三	『日本精神の研究』を出版。海軍大学校で「武士道哲学新論」を講義する。
一九二五	大正一四	満鉄の委嘱で満鉄夏季大学で講義する。
一九二七	昭和二	金鶏学院を創立。
一九二九	昭和四	『東洋倫理概論』を出版。
一九三一	昭和六	財団法人金鶏学院日本農士学校を開校。

出典／『安岡正篤先生年譜』を参考に作成

一九三二	昭和七	『東洋政治哲学』を出版
一九三八	昭和一三	一二月二二日～翌年七月八日まで欧米巡遊。
一九四三	昭和一八	「山鹿流政治論」を読売新聞に発表し、当時の東条内閣を批判する。
一九四四	昭和一九	小磯国昭内閣で大東亜省顧問に就任。
一九四五	昭和二〇	「終戦の詔勅」の刪修を行う。
一九四六	昭和二一	金鶏学院の解散指令。公職追放令に該当。
一九四九	昭和二四	㈶日本農学校設立総会・設立許可。師友会を結成。機関誌「師友」を創刊。
一九五一	昭和二六	公職追放解除。
一九五二	昭和二七	埼玉県立興農研修所を設置・開所。師友会定例講座を開講。
一九五四	昭和二九	師友会を全国師友協会と改称。機関誌「師友」を「師と友」と改称。
一九五八	昭和三三	全国師友協会会長に就任。
一九五九	昭和三四	伊勢湾台風襲来後、直ちに伊勢神宮に参拝。
		「世直し祈願萬燈行大会」を挙行。以後一九八二（昭和五七）年まで続行。
一九七〇	昭和四五	財団法人郷学研修所を創設。
一九七一	昭和四六	台湾訪問（国賓）。「陽明学大系」を監修。
一九七三	昭和四八	「朱子学大系」を監修。
一九七四	昭和四九	郷学研修所研修会館落成。成人教育研修所論語堂落成。
一九八三	昭和五八	「王陽明全集」を監修。全国師友協会会長を退任。
		一二月一三日逝去。享年八六。

第五章　二人の達人による『論語』の名講義

『論語』には人生の全ての答えがある

渋沢栄一は、『論語』は最も欠点の少ない教訓と言い、漢学者・安岡正篤は『論語』には人生万象の全ての答えがあると言いました。幼い頃から『論語』に親しみ、心の支えとした渋沢栄一も、安岡正篤も、孔子の教えを生きるための規範として、日々の生活や仕事に臨む際には心の拠り所とし、的確な判断や行動のための揺るぎない軸として活用した点は共通しています。また、二人は、それぞれ自分の言葉で章句の解説を試みて、その効用を多くの人々に伝えようとしました。

この章では、十一の章句を選んで、二人がどのように読み解いているかをご紹介します。同じ章句について、まず渋沢栄一の『論語講義』、次に安岡正篤の『論語』に関する著作の中から該当箇所をご紹介し、読みどころについて簡単な解説をしたいと思います。

共通点があるのはもちろんですが、考え方や立場の違いから、微妙な違いがあったり、さらに考えを進めたり、新たな効用を付け加えたりと、興味深い読み物になっています。皆さまにとっても心の拠り所となる『論語』の章句を見つけられ、その読み解き方、役立て方のヒントになれば嬉しく思います。

なお、引用文中の難しい言葉の意味は（　）で簡単な説明をしています。

一、毎日自分の行動を反省する習慣の効用

曾子《そうし》曰《いわ》く、吾《われ》日《ひ》に吾《わ》が身《み》を三省《さんせい》す。人《ひと》の為《ため》に謀《はか》りて忠《ちゅう》ならざるか。朋友《ほうゆう》と交《まじ》わりて信《しん》ならざるか。習《なら》わざるを伝《つた》えしか。

曾子曰、吾日三省吾身。為人謀而不忠乎。与朋友交而不信乎。伝不習乎。

《学而一》

（曽子が言った。「私は日に何度も自分の行いを省《かえり》みている。人の相談相手になって、真心《まごころ》を尽くしていなかったのではないか。友人と付き合って嘘をつかなかったか。自分が十分にまだ理解できていないことを、人に伝えたり、教えたりしてしまっていなかったか」）

これは孔子の弟子、曽子の言葉です。曽子も弟子をとって、先生として人材教育に尽力していました。第二章でご紹介した「士は以って弘毅ならざるべからず」「君子は文を以って友を会し」という言葉と併せて読んでみると、曽子の誠実な人柄が一層鮮明に感じられます。

この言葉には、「忠」と「信」が出てきます。忠は己の誠を尽くすことです。信は言葉

に偽りがないことです。『論語』では「忠信」という熟語が出てくることもあります。真心、誠実さに置き換えられます。

人から相談を受けたとき、真心を込めて対応したか、友人との約束を疎かにしなかったか、そして教育者としての曽子らしさが最もよく出ている三つ目が、教えていただいたことをまだ消化しきれていないうちに人に教えていなかったか。これらを、日に何度も反省したのです。孔子の教えは、徳治政治を目指しています。それは修身《しゅうしん》、斉家《せいか》、治国《ちこく》、平天下《へいてんか》という段階を追って実現します。まずは修身。すべては己の身を修めることから始まります。自らを省みることができるか否かは、国の形を決めるほど重要なことなのです。

「『人はその長所のみとらば可なり。短所を知るを要せず』この荻生徂徠《おぎゅうそらい》の言葉は誠に感銘深い。完全な人は存在しない。どんな人にも長所短所がある。そこに人生の妙味があるはずである。ところが人が人を見る場合、とかく長所は見たがらず、短所を見たがる」。これは石川島播磨重工業、東芝のトップを歴任し、「ミスター合理化」として第二次臨時行政調査会で辣腕《らつわん》を振るった土光敏夫の言葉です。

人は自分には甘く、他人には厳しくなりがちです。人の失敗を見たとき、批判や注意はしても、自分に重ねることは苦手です。自分が失敗し、挫折したときに初めて振り返らざるを得なくなります。孔子は日々、自らを省みる習慣が大切だと説いています。

＊＊＊

渋沢栄一の『論語講義』

余は曽子のこの言がもっとも吾が意を得たりと思い、一日に数度吾が身を省みるというまでには参らずとも、夜間床《とこ》につきたるのち、その日になしたることや、人に応接したる言説を回想し、人のために忠実に謀《はか》らねばならぬ、友人には信義を尽くさねばならぬ、また孔夫子教訓の道に違う所はなかりしやを、省察するに怠らぬつもりである。もし夜間これをなさざりし時は、翌朝前日の行動を省察することとなせり。余が家族にもつとめてこれを行わせるようにしておりますが、今日《こんにち》の人にはこの心掛けが少いように見える。（略）

さてこの章句のことを身に行えば、今後その過ちを再びせぬようの気を起し、行《おこな》いを慎しむ上に効果を生ずるは勿論《もちろん》であるが、これと同時にその日その日のことが、一々記憶の上に展開されてくるために、これを順序よく心意の裡《うち》に並列して、一目に検察することを得、深い印象が頭脳に刻まれて、自然に忘れられぬようになり、記憶力を強健にする効能もまたあるのである。旁々《かたがた》以て余は曽子三省の実行を今日の青年諸君にお勧め致します。

（『論語講義』）

安岡正篤の『論語の活学』

三省の三は、数を表す三ではなくて、「たびたび」という意味です。「伝不習乎」は『伝習録』などは「伝えて習わざるか」の方を採っておる。「省」ということは本当に大事なことでありまして、人間、万事「省」の一字に尽きると言うてよろしい。「省」は「かえりみる」と同時に、「はぶく」と読む。かえりみることによって、よけいなもの、道理に合わぬものがはっきりわかって、よくこれをはぶくことができるからである。

人間はこれ〈省〉あるによって、生理的にも、精神的にも、初めて生き、かつ進むことができる。政治もまたしかり。民衆の生活を自然のままにまかせておくと、混乱してどうにもならなくなってしまう。そこで民衆に代わって彼らの理性・良心となって、つまらぬものをかえりみてはぶいてやる。これが政治というものです。だから昔から役所の下に、文部省、司法省というふうに「省」の字がついてある。ところが後世になって役人が増え、仕事が増えるにしたがって、かえりみてはぶくことを忘れ、「省」が「冗」「擾」になるものだから、革命というようなものが起こって、かえりみてはぶくどころか、すべてを抹殺してしまう悲劇を招く。とにかく「省」という字は大いに意味があって、いろいろ解説してゆけば、この一字だけで大冊の論文ができる。

(『論語の活学』)

＊＊＊

渋沢栄一は曽子の「三省」を自らも実行し、人にも勧めています。夜中に一日の行いを反省することができなければ、翌朝に前日のことを反省する、つまり毎日、反省をしたというのです。渋沢は、この三つを守っていれば、他人から恨まれることはないし、仕事はうまくいくに違いないと考えました。

毎日反省をすれば、同じ過ちを繰り返すことはありません。記憶力がよくなるという効用があることにも気づいて、特に若い方々に勧めたいと述べています。

安岡正篤は「三省す」の「省」の字について、漢学者らしい分析をしています。省は「はぶく」とも読みます。いらないもの、根源的でないものを除外する、という意味です。省けば最後には人間にとって大切なものだけが残るわけです。「省」という一文字に含まれた大いなる意味に着目して、この章句を解釈しています。

一番大切なもの、それは人間に関すること、とりわけ自分に関することですから、「省みて省く」ことが、人としていかに大切な習慣であるかを説いています。

二、永遠のテーマ、義と利を両立させるには

子曰《しのたま》わく、利《り》に放《よ》りて行《おこな》えば、怨《うら》み多《おお》し。

《里仁四》

子曰、放於利而行、多怨。
（孔子先生がおっしゃった。「利益利益と、利益ばかりを求めすぎると、人の怨みを買うことが多い」）

ビジネスにおいて、義と利は永遠のテーマです。企業は利益を追求する組織です。利益が出なければ成り立ちません。しかし利益を出すためなら、何をしてもいいというわけではありません。社会に貢献するという大きな使命があります。だからこそ義、すなわち公益にかなっていなければいけないのです。

孔子は商売をして儲けることを否定していません。弟子の子貢《しこう》は、頭脳明晰《めいせき》で雄弁家、その特質を活かして、商売をして儲けました。そしてその儲けを孔子一門のために使いました。かなり困窮していた孔子一門を経済的に支えた人物です。孔子も子貢にはたびたび助けられました。義にかなった商売なら、大いに儲けよう、というのが孔子の考えです。

『論語』の中に、地位を得るためなら何でもする、地位を得るとそれを失わないために何でもする、という表現があります。当時の政治家の実態を嘆いた言葉です。地位や財産を得ると、価値観が変わってしまう人がいます。孔子はそんな人物をたくさん見てきたのでしょう。そんなことにはならないように、若い弟子たちに教訓として話したのかもしれません。

人はいつも正しいことができるわけではありません。大きな利益を目の前にして、それがなければ会社が傾くとなれば、利益を優先せざるを得ません。取引先にちょっと不義理をすることになるかもしれません。それでもトップは決断しなければなりません。

義を通せなかったとしたら、次に同じ状況になったときに、より正しい道を選べるようになればいいのです。道を外れそうになったときにこそ、「そういえば孔子はこんなことも言っていたな」と孔子の言葉を思い出して、自分の道を軌道修正できればいいのです。大事なことは、トップだけではなく、一人ひとりが義を重んずることです。会社の業績は、人が生み出していくのです。

＊＊＊

渋沢栄一の『論語講義』

それ国家に長としてもっぱら自己の利を征する者は、怨みを取るの道これよりはなはだしきはなし。怨み多きの至り、蓄《わざわい》その身に及ぶ。世界史伝の載《の》する所、指《ゆび》を僂《る》し易《やす》からず。（略）

一個人にてもすべてのことみな自己の便利のみを主として行い、義と不義とを顧みざれば、人に怨まるること必ず多し。司馬遷曰く「利は人の性情なり」と。（略）

しからば人は自己の利益のみを謀ることが悪いとすれば、何を目的として働くがよろしかろうか。他人の利益のみを謀ることを目的にして働くがよろしかろうか。曰く、自己の利益のみを目的として働けば、世間より怨恨を受くるようになるが、さればといって他人の利益をのみ目的として働くということは、宗教家は格別、通常人には決してこれを望むべからず。ことにかくてはいたずらに宋襄《そうじょう》の仁（無益な情けをかけて自分が痛い目に遭うこと）に流れて、自己を亡ぼしてしまうようになるべし。人人みな自己を亡ぼしてしまえば、社会の殷富繁昌《いんふはんじょう》（栄えて豊かなこと）は望むべからず。ただし人は衣食住の安定を得んがために働く者なれば、かかる場合の生ずる虞《おそれ》は絶無なるべし。

さて如何《いか》にするがこの場合に善処する方法なるやというに、利は人の性情なれば、利を謀るは当然のことなれども、自己のみに偏せず、公利を害せぬように心掛け、道理に照らし義に従うて事を行えば他より怨まるるはずなし。

（『論語講義』）

安岡正篤の『論語の活学』

今日も同じこと。みな利を追って暮らしておるが、利を求めてかえって利を失い、利によって誤られて、際限なく怨みをつくっておる。それは「利とは何ぞや」ということを知らぬからである。「利の本は義である」ということを知らぬからである。『春秋左氏伝』昭公の条に「義は利の本なり」とあり、同襄公の条に「利は義の和なり」とある。

したがって本当に利を得んとすれば、「いかにすることが義か」という根本に立ち返らなければならない。これは千古易《か》わらぬ事実であり、法則である。そこで人間は与えられておるところの精神というものを大いに活用して行為・行動に精を出さなければいけない。

「利」と「義」について

利というものは各人自己に都合のよいことでありますから、どうしても他とどこかで衝突するわけです。否、自分自身の場合でもやがて矛盾が起こる。すべて自然は自律的統一体で、各己が他己と相関連し、そのまま全体に奉仕するようにできておるものですから、自己のわがままを許しません。利はちっとも利にならないのです。（略）

経済と道徳、利と義というものが両立しないもののように考えるのは、もはや笑うべき愚見であります。いかなる物質的生活問題も、すぐれた精神、美しい感情、たのもしい信用などにまたなければ、本当の幸福にはなれません。経済の安定、まことの成長というものになりません。技術の発達に伴う経済的国際化が各国民の差別をなくすように思う人がございますが、これも浅はかであります。それは国民の特質をなくすことではなくて、国際的進歩に和して、いかにますますその国民の特質を発揮するかということが大切であります。機械的・物質的経済をもって、国民の将来を決定するなどと考えてはなりません。国民の将来を決定する真の力は、常にその国民の精神的・人格的努力であります。心ある人々は、どうしてもこの「義に喩《さと》る」ということが大事であります。利ということばかりを考えておってはついに利になりません。利によって行えば、まさに自他共に怨が多い。（略）

どうも、そう言いながら、そう知りながら、人間始終悩まされておるのは経済であります。そして、この経済ということになりますと、わかっておるはずの人でも、不思議なほど利己的であり、排他的・競争的になりやすい。道徳などと言っておっては、義などと言っておっては経済にならぬ、利にならぬ。礼節などは衣食足って後の話だ。飯が食えなくては何の教養も文化もあるか。――言わず語らず決めこんでおるのが、常人の心理であります。政策にしても、まず予算の分捕り合い。予算がないというと、大切な政策も軽く排除されがちであります。それほど経済優先主義で、誰もが富裕なのかというと、いつになっても人間は貧乏を嘆かぬことがありません。

それは経済というものも人生の重要部門でありますが、決して孤立的に行われるものではなくて、経済を左右するものは案外道徳・義であるというような理法に対して非常に無知なためであります。

先ほども申しましたように、あらゆる物質的生活問題も、それを有効適切に解決するのには、深い精神的・感情的要素がなければなりません。経済をもって人間の将来を決定する要件だという考えを持つものは、その経済を決定するものは、精神的・道徳的努力であるということをさとるのが、もっとも大切なことであります。

（『論語の活学』）

＊＊＊

利益ばかりを手に入れようとすると、人に恨まれて、災《わざわ》いが降りかかってきてしまうのは、国家も人も同じです。利益は誰もが好むものですから、自分の利益だけを優先してしまうと、他人（他国）の利益を侵害してしまうことがあります。自分の利益になりさえすれば他人（他国）はどうなってもかまわないという人はこの世に山ほどいて、彼らは皆、多くの怨恨を集めていると、渋沢栄一は言います。

では、何を目的とすればいいのか。利益を追求するのは人間の自然な気持ちだとした上で、それを認めています。しかし同時に、自分のことだけでなく、公益を損《そこ》なわないように心がけ、道理に照らし、みんなのためになるよう行動することが大切だと説いています。渋沢は、恨みを買わないための具体的なアドバイスをしてくれているのです。

一方、第四章でも触れたとおり、安岡正篤は、多くの場合、人は利の根本のところに何があるかを知らないからこそ、皆、利を求めて利を失い、利のために過《あやま》ち、怨《うら》みを買っている。利の根本に「義」のあることを忘れてはいけないと述べています。

そして、「利」と「義」について、孔子の章句を現代の問題を解決する糸口としてとらえ、物質と精神、経済と道徳にまで、章句の理解の範疇《はんちゅう》を広げて、資本主義の限界や弊害を見据え、人々の精神の衰えに思いを馳《は》せています。「利」と「義」が両立しないことの不幸を嘆き、人々の苦しみは経済活動がその原因にあるとした上で、経済活動は決して「義」や道徳と無縁なものではないと述べています。

祖父は、「利」と「義」を両立させることは、個人の人生のみならず、一国の存立にとっても重要だと言います。経済の発展さえ成し遂げられれば国は豊かになり、国民は幸福になるというのは幻想である。その国の国民が持っている素晴らしい特質を失って、ただ単に物質的豊かさを享受したところでいかほどのものであろうか、と。この文章が書かれた当時の経済第一主義の日本に対して、警鐘《けいしょう》を鳴らしていたのではないでしょうか。

三、人を観る目の養い方

子曰《しのたま》わく、人《ひと》の己《おのれ》を知《し》らざるを患《うれ》えず。人《ひと》を知《し》らざるを患《うれ》う。

《学而一》

子曰、不患人之不己知。患不知人也。
（孔子先生がおっしゃった。「人が自分の実力を理解してくれなくても嘆くことはない。他人の実力を自分が見極められないことの方を心配するべきです」）

人には正当に評価してほしいという欲求があります。真面目にコツコツ努力している人ほど、この欲求は強いでしょう。しかし自分が望んだようにはならないのも現実です。孔子は、人が自分のことをどのように評価しようと、あるいは全く見向きもされなくても、そんなことはどうでもいいではないか、と言い放ちました。自分は人を観る目を持っているのか、そのことの方がよほど心配だと言いました。

孔子は自分自身への戒めとして、この言葉を発したと思われますが、これは弟子たちにとっても教訓になったに違いありません。孔子の元で学問修養を積んで、いざ社会へと巣立っていきます。

戦乱の世で、政治も乱れています。道義が通用しない世界では予期せぬことが起こります。優秀であっても実践力には不安の残る若い弟子は、現場に出てから苦労したことでしょう。自分にいいことばかり言ってくる部下ばかりを重用していないか、黙々といい仕事をしている部下を見落としていないか。現場に出て初めて、孔子の言葉の重みを感じ、さらに実践することの難しさを感じたことでしょう。志と実力がありながら、不遇時代の長かった孔子だからこその言葉だったのではないでしょうか。

＊＊＊

渋沢栄一の『論語講義』

近来西学東漸して諸種の大学創立せらる。年々多数の卒業者を出し、学位を設けてその学力を世に吹聴《ふいちょう》す。しかも卒業者の数年々歳々増加して、就職難の声喧《かまびす》し。ここにおいて本章の処世法に対し懐疑を抱く者あるようである。あるいは曰く「人の己を知らざるを患えずというがごときは、孔子時代の消極的処世法なり。現代にあってはかくのごときことでは、到底社会に立って成功はできず、俗に立ち寄らば大樹の下ということがある。政治家はその勢力ある人に、官吏はその長上《ちょうじょう》に、会社員はその重役に取り入らねばならぬ。職務大事に四十年勤続したる巡査は、模範巡査として表彰せらるるも、他の利口にして成功したる者に及ぶべくもあらず。ゆえに今少しあつかましく立ち廻り、唐の韓退之《かんたいし》や宋の蘇老泉《そろうせん》が『自分のごとき人物を採用せぬのは君相の落度である』と自ら建白《けんぱく》したように、積極的に自己を認識せしめねばならぬ」と。

かくして世人が滔々《とうとう》として、自分の実力以上に自分を認識させようとする風潮のあるのは、実に顰蹙《ひんしゅく》すべきことである。金《きん》は地中にあっても金なり。錦の袋に包んでも鉛《なまり》は鉛である。あえて自家広告をせずとも、言忠信《こと》にして行篤敬《おこない》（人情に厚く、つつしみ深いこと）ならば、自《おのずか》ら世間が信用する。知らぬことを知った振りせず、いうことに間違いなく、行うことに誤りがなく、言行一致の人であったならば、信用せぬ者はない。信用の厚き人であったならば、自ら沽《う》らずとも必ず人が使ってくれる。なにも長上に媚《こ》びずとも、重役に阿《おもね》らずとも、重く用いらるるに相違ない。（略）

自家広告をなす者は人に嫌わるるに至るべし。自己の実力足らざるを棚に上げておいて、無暗に人の己を知らざるを気にするのは、愚かなる考えである。要するに孔子のいわれた本章の主意は現代にても実行せらるべき性質のものであって、決して時代に適せぬ言と見るべからず。

（『論語講義』）

安岡正篤の『論語の活学』

唐代の名高い陸徳明の「経典釈文」によると、「己れ人を知らざるを患《うれ》う」の人がない。つまり「己れ知らざるを患うなり」となっておる。けれども解釈は人の有無にかかわらず、「人が自分を知ってくれないということはどうでもよい、そもそも自分が人を知らないことが問題である」というのが昔からの通説になっておる。

しかしどうも私はこの頃になって、その解釈にあきたらなくなってきた。なるほど、人を知らないことが問題だ、という解釈も決して悪い解釈ではない、むしろその方が一般にわかりやすいかもしれぬけれども、もっとつっこんで考えると、「人が己れを知ってくれようがくれまいが問題ではない、そもそも己れが己れを知らないことの方が問題だ」と解釈した方が、もっと私には切実に感じられる。というのは案外人間と言うものは自分自身を知らぬものだからであります。自分が自分を知らないのであるから、人が自分を知らないのは当然である。したがって、問題は、まず己れが己れを知ることでなければならぬということになる。

もっともこういう解釈はこの年になって初めて考えたわけではありません。若い時にも考え、またそれを人に講じたこともある。けれども若い時のそれは、いわゆる論語の研究というもので、どうも知識が主になって、本にはこう書いてあるが、この方がむしろ当たっておるといった調子で、自分の批評なり、解釈なりに誇りを持つようなところがあった。しかしもうこの年になると、そういう色気がなくなってしまって、しみじみ自分自身そう思うようになってきました。本当に人間というものは幾歳になっても、自分というものが一番わからんものであります。

（『論語の活学』）

＊＊＊

渋沢栄一は、欧米の進んだ技術や文化と一緒に流入してきた、欧米スタイルの自分の実力以上に自分を大きく見せようとしたり、あるいは出世のために、寄らば大樹の陰とばかりに、勢力のある人や上役に媚びたり、へつらったりする風潮に多くの人々が安易にのってしまっているのは、実に嘆かわしいと言っています。たとえ錦《にしき》の袋に包まれていても、所詮鉛《しょせんなまり》は鉛である、と。

そう考える渋沢は、いつの時代でも、知ったかぶりをせず、発言に間違いがなく、行いにも誤りがない言行一致の人間であれば、信用しない人などいないと言っています。孔子の言葉は、大昔の「消極的処世法」などではなく、いつの時代でも通用する言葉であると、改めて説いています。

一方、安岡正篤は、さらに一歩踏み込んだ解釈を試みています。問題は他人ではない。己《おのれ》が己を知っているか、いないかだとして、自分を知ることがいかに難しいことであるかと述べています。

また、若いときに読んだ『論語』と、長じてから読んだ『論語』との間の解釈の違いについても言及しています。年を重ねることで改めてしみじみ気づくこともある、との感慨には、多くの人が「そのとおり」と、共感できるのではないでしょうか。

四、よい交友関係を長続きさせる秘訣

子曰《しのたま》わく、晏平仲《あんぺいちゅう》は、善《よ》く人《ひと》と交《まじ》わる。久《ひさ》しくして之《これ》を敬《けい》す。《公冶長《こうやちょう》五》

子曰、晏平仲、善与人交。久而敬之。

（孔子先生がおっしゃった。「斉《せい》の国の宰相の晏平仲は、誰とでもよくつき合った。そして長くつき合えばつき合うほど、友人たちが（晏平仲を）尊敬するようになった」）

晏平仲は孔子と同時代の人で、立派な人物として知られています。斉という大国の宰相で、国王にとっては何でも相談できる、頼れる存在でした。国王はしかるべき地位を用意して、孔子を迎えたいと思っていました。そのことを晏平仲に相談すると、孔子は我が国では本来の力を発揮できないので、呼ばない方がいいでしょうと進言します。結局、国王は晏平仲のアドバイスを聞き入れ、孔子を登用するのを諦めました。

自分の仕官の道を閉ざした人物にもかかわらず、孔子は晏平仲をとても高く評価しています。たとえ相容れない関係であっても、互いの人柄や能力を認め合っていたからです。双方が人物だからこそ、立場の違いを超えて互いに尊敬し合える、互いに高め合うことができる、理想的な関係を築くことができたのだと思います。

＊＊＊

渋沢栄一の『論語講義』

本章は晏子交道《あんしこうどう》の善きを賛するなり。晏子も春秋時代の賢大夫であるが交友の道を善くせられたり。いかほど永く人と交際しても、決してこれに狎《な》ることなく、常に恭敬の念を他人に対して失わなかったのである。永年の交友に狎れず、尊敬の意を失わぬようにして往くことは、処世上最も必要なるものである。しかるに通常の人は、少し交際が久しくなると、互にあい狎れ、懇親にまかせて恭敬の意を欠き、ついにその仲が悪しくなり、はなはだしきは昨日まで刎頸《ふんけい》の友であったものが、今日は不倶戴天《ふぐたいてん》の仇敵たるがごとき観を生ず。これ豈《あ》に交友の道ならんや。切に青年諸君に望む。交際が久しくなればなるほど、いよいよ敬意をつくし合うように致されんことを。さすれば人の交わりを全うすることを得るや必然である。

ここに一二の余が実験談を掲げん。余と大隈侯とは明治二年からの交際である。侯の薨去《こうきょ》までほとんど五十二年間に及べり。侯は余に対して「君とは随分久しい間柄《あいだがら》だな」と仰せられたことがあるが、実にその通りである。その間には余にも不行き届きのことがあったろうし、また侯の方にも一々よろしいことばかりであったというわけでもなかったろうが、その事情が判明すれば双方《そうほう》の誤解が氷釈《とけ》てしまい、五十二年間、依然として旧交を維持していたのは、余が久しいご交際に狎れて、大隈侯に敬意を欠くようなことをせず、侯もまた余に対して敬意を失うようなことをなされなかったからである。さもなければ、余と侯との間はとうの昔に仲違《なかたが》いになったろうと思われる。

（『論語講義』）

安岡正篤の『論語の活学』

本文はちょっと読むと、何でもないことのようでありますが、実に無限の味わいがありますね。人間は、交わらずには生きられない。社会的動物と言われる所以《ゆえん》もそこにあるわけですが、そのくせ本当の交わりというものはなかなかできないものであります。ただ人と交わるということであれば、誰もやる、またやらねばならぬこと、やらざるを得ぬことであります。が、それではどれだけ、本当の交わりをしておるか、善く交わっておるか、ということになると、たいていは少し交わると、文句が出る、面白くなくなる、というようなことで悪くなりがちである。したがって善交ということは、実に貴いことでありまして、晏平仲はその善交のできる人であったわけです。

しかもそれだけではない。さらにその上に、「久しうして人、之を敬す」——久しく交わるほど人は彼を尊敬したというのです。

この「久」ということがまた難しい。なかなか続かない。夫婦でも、鼻につくと言うて、しばらく同棲すると、言い争いをやる。親子兄弟でも、始終いっしょに暮らしておると、いさかいをする。仕事でもそうですね。久しくいっしょに同じ仕事をやるというのは、本当に難しいものです。いわんや人との交わりにおいてをや、でありまして、久しくなると、あらが見えやすい、嫌になりやすい。だから久しく交わって敬意を抱かせられるというのは、よほどその人間が偉いのである。と同時に交わる相手もまた心掛けがよいということができる。したがって孔子からかく評された晏子もさすがと思う。孔子なればこそこういう批評ができたのであり、また晏子なればこそこういう批評をされたと言える。

しかし世間には晏子のような人も少なくないと見えて、ここから「久敬」という熟語ができておる。とにかく晏子という人はそういう人で、斉の内外を問わず人々から畏敬されておる。だからクーデターや暗殺の渦巻く激流の中に、よく国君を維持することができたのであります。（略）

また『晏子春秋』には、この人と景公との面白い対話が書いてある。ある時二人でどこかへ遠出をした。景公が打ち解けて晏子に、「何か希望とか、願いとかいったものがあれば、一つ聞かせてくれ」と言うたら、晏子はこう答えた。

「自分を畏《おそ》れてくれるような君があり、自分を信じて生涯連れ添うてくれる妻があり、何か遺《のこ》してやろうと思うような伜《せがれ》がある、これが私の願いです」と。面白いですね。「もうほかにはないか」。

「まだあります。せっかくお仕えするのですから、君は明君であってほしい。同じ娶《めと》るなら、才長《た》けて眉目《みめ》美しい妻がよろしい。あまり富まなくてもよいが、貧しいのもいけません。それに良い隣人が欲しいものです」

良隣などというと、団地生活をする人などは特に感じるでしょうね。この頃の団地生活・集団生活というようなものには、良隣など全くありません。悪隣もはなはだしいものです。

「まだあるか、あれば言うてみよ」景公がこう言うと、最後の答えがまた面白い。どこまで味のある言葉だろうと感心する。

「君ありて輔《たす》くべく、妻ありて去るべく、子ありて怒るべし」

明君よりは暗君、といっても手のつけられぬような暗君でも困るので、輔佐に世話のやける暗君、追い出したくなるような妻、時どき怒鳴りつけたくなるような伜、これが至極の願いだという。つまり慈悲のユーモラスな表現であるわけです。ちょっと凡人には言えぬ言葉であります。（略）

この人が孔子を解しないはずはない、知らないはずはない。否、よく知ればこそ、他国人である孔子を用いるのは、複雑な斉の内情からみて、孔子にも気の毒であり、また斉のためにもならぬと判断して、その挙用に反対したと推定されるわけであります。

（『論語の活学』）

＊＊＊

人とよい交友関係をつくることは難しいものです。渋沢栄一は『論語講義』の中で、明治二年から途切《とぎ》れることなく五二年間交際を続けた大隈重信のことを回顧して、彼と長く付き合えた秘訣を明かしています。

長期間その人と接していると、ついなれなれしい態度をとってしまい、相手を大切に思う気持ちがうまく伝わらなくなりがちですが、渋沢は大隈に対して敬意を欠くことをせず、大隈もまた自分に対する敬意を欠くようなことをしなかったと述べています。

晏平仲は春秋時代の斉で活躍した名宰相だが、処世上、最も重要な課題の一つである、人との交際においても達人だった。親しくなった後でも、常に相手に敬意を尽くして付き合っていくべきだと、渋沢は孔子の晏子に対する評価に共感しています。

善い人の交わり、すなわち「善交」とは、いかなるものか。安岡正篤も渋沢と同様、孔子と晏平仲との関係に、一つの理想を見ています。晏平仲は、斉国に孔子を招くに当たって反対した人物として知られています。また、自分を招いてくれなかった人物を恨むことなく、高く評価したのが孔子という人間です。

なぜ、晏平仲は、斉の景公が孔子を用いようとしたとき、賛成しなかったのか。祖父は、理想家で潔癖な他国人である孔子と、内情が複雑で、なおクーデターのような動きが収まらない斉の国内事情とを照らし合わせて、誰にも傷がつかないように円満に事を運んだのではないか、と述べています。共に教養・識見・人間味に優れた人物同士だからこそ、直接言葉を交わさなくても互いの意思が通じ合う交流だったのではないでしょうか。

その後に紹介される『晏子春秋』の晏平仲と主君・景公の対話からも、景公が晏平仲を大切に思っている様子、晏平仲のユーモアも兼ね備えた誠実で人間味のある人柄が感じられます。

五、豊かな内面ときちんとした外見の両方が大事

子曰《しのたま》わく、質《しつ》、文《ぶん》に勝《か》てば則《すなわ》ち野《や》なり。文《ぶん》、質《しつ》に勝《か》てば則《すなわ》ち史《し》なり。文質彬彬《ぶんしつひんぴん》として、然《しか》る後《のち》に君子《くんし》なり。《雍也六》

子曰、質、勝文則野。文、勝質則史。文質彬彬、然後君子。

（孔子先生がおっしゃった。「人が生まれながらに持っている実質的なものが、教養によって身につけた文化的要素に勝っていると、粗野な感じになる。反対に文化的要素が実質的なものより勝っていると、まるで記録係の役人のように、表面ばかりを飾り立てることになる。実質と文化的要素の両方が見事に調和しているのが、君子の本来の姿である」）

これは少しわかりにくい言い回しですが、私の好きな言葉です。文質、つまり外見と内実がぴったりと一致しているのが君子の姿ということです。

文質のバランスがとれていることは確かに理想ですが、実際には難しいことです。日本人は「中身で勝負」と考えがちではないでしょうか。少々外見は見劣りしても人柄や能力が優れていればよし、と判断します。どちらが重要かといえば、質、つまり中身の充実が優先されますが、孔子はあくまで文質両方が揃っていてこそ美しいのだと言いました。

華美にする必要はありませんが、私たちは身なり、立ち居振る舞い、言葉づかいから、その人を判断します。第一印象は、視覚的なもので決まります。中身の充実は外見に表れなければいけないのです。

たとえば私が何かの契約書にサインをするとき、担当の営業マンが、上着の内ポケットから自分の大事にしているペンを差し出してくれたら、気持ちよくサインができます。そのペンが高価なものでなくても、契約することの重みを共有できる振る舞いが大切なのです。心のあり方で印象は大きく変わります。

行動には内面が表れます。教室で、席を立ったあと、自然に椅子を机の下にきれいに収める人と出しっぱなしで帰ってしまう人。全員が退出したあとに、乱れた机の列を直す人。人の行動はさまざまですが、心が整っているのか、いないのか、すぐにわかります。

孔子の言葉は原理原則ばかりです。もっともだ、と思えることばかりです。だからこそ、私たちは自分の日常に重ねて応用するように心がけたいものです。

＊＊＊

渋沢栄一の『論語講義』

本章は、人は外形と内容とが平行しておらねば、これを称して立派な人物といえないと、孔夫子の説かれた教訓である。いかに内心が誠実で高潔な精神があっても、外に現わるる言語動作が多く礼を欠き、文飾が足らず、外形が精神に副《そ》わぬようでは、その人は野鄙なる田舎漢《いなかもの》に過ぎず、これに反し、内心が卑劣で、陋穢《ろうわい》（取るに足らないさま）の心事を蔵するにかかわらず、外形を旨《うま》く取繕《とりつくろ》って美しく見せかける人が往々あり、これまた決して賞揚すべき人物でない。これあたかも心にもない美辞麗文を連《つら》ねて書くのを職とする史官とあい同じ。ゆえに人は文も質も過不足なく打ち揃って平行した人物になり、始めて君子と称すべきなり。すなわち紳士の条件は文質彬々《ぶんしつひんぴん》である。

人はとかく文か質かの一方に偏し易くなるものだ。礼に流れて阿諛《あゆ》（おべっか使い）に陥《おちい》ったり、節倹（倹約のこと）を重んじて吝嗇《りんしょく》（けち）になったりするのも、みな一方に偏倚《かたよる》の弊である。さればとて阿諛が悪いからというて、倨傲《きょごう》（おごり高ぶること）に流れ不遜の態度に出で、他人が善事に励むのを見てはこれを偽善者と罵倒《ばとう》し、あるいは吝嗇がいけないからというて、金銭を湯水のごとくに使い、これを以て金銭に淡泊なる所以《ゆえん》として、他に誇るような人物になっても困る。よって質に過ぎず文に流れず、文質彬々として過不及のない人が、始めて君子すなわち真正の紳士であるといわれたのである。

孔門の子路のごときは強武、文その質に勝たず、豈《あ》にいわゆる野なる者か。宰我《さいが》のごときは文弁《ぶんべん》、質その文に勝たず、豈《あ》にいわゆる史なる者か。我が邦《くに》近時の人物中、西郷隆盛公や黒田清隆伯のごときは、どちらかといえば、質が文に勝って粗野の方であった。木戸・大久保および伊藤の諸公は文質彬々の人であった。


（『論語講義』）

安岡正篤の『論語の活学』

人間には「質」と「文」とがある。「質」は言うまでもなく内に実存するもの、即ち内実であり、内実の表現が「文」に外ならない。だから文はあや・かざりである。人間に限らず万物はみな文と質との両面を持っておる。例えば窓外に見える草木、青々とした色といい、形といい、いかにもみずみずしい。春ともなれば、そこにまた花が咲き、実がなり、いろいろ変化もある。すべてこれ文である。枝も葉も根に蓄えられておるエネルギーが幹を通じて発現したものである。地中に隠れておるところの根は内実そのものである。また根の直接の表現である幹も、これは外形には違いないけれども、一番内実に近いものである。

しかし、内実というものは元来無限性のものであるけれども、それが外に現れるほど有限的なものになる。しかも外に現れる表現というものは、これは内実が現れるのであるから実現には違いないけれども、表現は常に実現ではない。

草木で言うと、草木が成長・繁茂するということは、それだけ内実であるエネルギーを消費することであるから、度を越して繁茂すると、根幹が弱る。逆にエネルギーが隠れて表現の力が弱ると、これは萎縮ということになって、実現にならない。そこでどうしても枝葉を剪定《せんてい》したり、余分な花や実をもぎったりして、内実と表現のバランスを計り、実現になるようにしなければならない。

木の五衰といって、植木栽培の哲学がある。幸田露伴も『洗心廣録』という本の中で面白く説いておりますが、木の衰える原因を五つ挙げて、いましめておるわけです。

まず衰えの始まりは懐《ふところ》の蒸《む》れ。枝葉が繁茂すると、日当りや風通しが悪くなって、懐が蒸れる。懐が蒸れると、どうしても虫がつく。そうして木が弱って伸びが止まる。これを梢《うら》止まりという。

伸びが止まると、やがて根上がり、裾《すそ》上《あ》がりといって根が地表へ出て来る。そうなると必ずてっぺんから枯れ始める。いわゆる梢《うら》枯《が》れというものです。これが五衰でありますが、中でも根上がり、裾上がりが一番いけない。そこで土をかけたりして、出来るだけ根が深くなるようにしてやるわけです。この現象は花の咲く木も、実のなる木もみな同じことでありますが、特に人間から言って名木というような木ほど陥りやすいものである。

人間も木と同じことですね。少し財産だの、地位だの、名誉だの、というようなものが出来て社会的存在が聞こえてくると、懐の蒸れといっしょで、いい気になって、真理を聞かなくなる、道を学ばなくなる。つまり風通しや日当りが悪くなるわけです。

よく言われることですが、「名士というものは名士になるまでが名士であって、名士になるにしたがって迷士になる」などと申しますが、本当にそうですね。そうなるといろいろ虫に喰われて、つまらぬ事件などを起こし、意外に早く進歩が止まって、やがて根が浮き上がり、最後には倒れてしまう。実業家と称する者を見ても、政治家と称する者を見ても、あるいは学者だの、芸術家だのと称する者を見ても、およそ名士というようなものはそういうものであります。

したがって人間はやはり、真理を学び、道を行ずることがどうしても必要であります。これを忘れると駄目になる。スターリンの悲劇的な最後を見ればよくわかる。毛沢東またしかりで、正に型の如き過程であゝいう結末に到っておる。彼らは初めのうちは確かに英邁であった。ところが権力を握るようになるにしたがって、次第に堕落・頽廃の道を盲進し、ついには晩節を誤って、あゝいうことになってしまったわけである。（略）

本当の偉人というものは、真人というものは、名誉や権勢の人の中にはなくて、かえって無名の人の中にある。したがって人間は、権勢よりも、もっと本当のもの・真実のものを求めて、それで偉くならなければならないのであります。

（『論語の活学』）

＊＊＊

冒頭、人は内実と外見とが並び立っていないと立派な人物とはいえない、というのが孔子の説かれた教訓である、と渋沢栄一は言っています。過不足なく偏《かたよ》りのない徳、すなわち儒教の伝統的な中心概念である「中庸」につながる概念を表現していると捉えたのではないかと思います。

さまざまな人と関わり合いながら、多くの事業を手がけてきた渋沢は、その経験から、人はとかく内実か外見かのどちらか一方に偏りがちになるものだということに気づいていたと思います。実際、事業を一緒にやったり、任せたりするのに適した過不足なく偏りのない人材を発掘したり、育てたりすることに苦労してきたのではないでしょうか。

だからこそ、「この人は信用できる人間だ」と、人を見抜く鑑識眼を養うコツを、孔子が教えてくれていると感じ、この章句を大切にしたのだと思います。実際、渋沢は事業を任せられる経営者の選択に、この章句を応用していたのではないでしょうか。

また、西郷や黒田清隆は、どちらかといえば、質が文に勝っている粗野の方、木戸・大久保・伊藤博文は文質彬彬の人であったと評価しているところも興味深いところです。

一方、安岡正篤の解説は二九ページでも触れましたが、内実（質）と外見（文）は、人間に限らず万物はみな両面を持っていると言っています。そして植物を例として、地中にかくれている根は内実、幹は外見だが、一番内実に近いもの、そして枝や葉、花や実は外形で、いずれも内実である根に蓄えられているエネルギーが幹を通じて発現したものであると説明しています。

たとえば果樹の場合、枝や葉、花や実は、すべて内実である根に蓄えられているエネルギーが幹を通じて供給され、成長・繁茂の度が過ぎると内実である根や幹が弱ってしまう。したがって、根に水や肥料を与えると同時に、余分な枝や葉を剪定し、余分な花や実をもいで、内実と外見のバランスを図る必要があると述べています。

人間も木と同じで、外見、すなわち身なり、立ち居振る舞い、言葉遣い、加えて財産、地位、名誉などを維持し、向上させるためには、根に水や肥料を与えるのと同じように、内実である真理を学び、道を行ずることがどうしても必要であると説いています。

六、孔子が禁じた四つの間違った行動

子《し》、四《し》を絶《た》つ。意《い》毋《な》く、必《ひつ》毋《な》く、固《こ》毋《な》く、我《が》毋《な》し。

子、絶四。毋意、毋必、毋固、毋我。

《子罕九》

（孔子先生は、次の四つのことを絶ち切ったので、穏やかだった。その四つとは、自分勝手な心、無理やり押し通すこと、頑固さ、自分中心の考え方である）

ここに書かれている四つのことは、誰でもよくないことだとわかっています。しかし、わかっているからといって、絶対にしないかといえば、実際は難しいことでもあります。

自分が何かに熱中しているときに、声をかけられたり、質問されたりしたら、手を止めて話を聞いてあげることができますか。あるいは、人の意見をよく聞かないで、自分の考

えを押しつけたことはありませんか。悪気がなくてもついついやってしまっているときがあるかもしれません。

自分がこれまで頑張って実績を重ねてきたこと、自分が得意なことに自信を持つことはいいことですが、その自信が頑なになっていませんか。どんなに自信があっても、経験を積んでいても、人の意見には、まず素直に耳を傾けることが大切です。

孔子ほどの人物でも、この四つの間違った行動に陥りやすかったのでしょうか。ほんの少しの心がけで、人に対する態度も大きく変わってくるはずです。

＊＊＊

渋沢栄一の『論語講義』

人は元来有情のものなれば、意《い》・必《ひつ》・固《こ》・我《が》を絶つというても、全然これを絶滅して生存し得らるるものでない。さればこの四つのものを一切絶ってしまうということはできない。孔子の教《おしえ》もまた全然これをなくするということではなくして、この章はみな私字（私の字）を補って見るを適当の解となす。すなわちこの四者が私に根拠して不道理に働く場合を絶つべしというのである。すなわち何事を行うにも道理に適《かな》い、徳義に悖《もと》らず、大公無私（個人的な意見ではなく、公平な立場を貫くこと）であれと訓《おし》えたに外ならぬなり。孔子もまた人のみ、豈《あ》に意《い》必《ひっ》固《こ》我《が》なからんや。ただ意必固我の私なきのみ。（略）

人には喜・怒・哀・楽・愛・悪・慾の七情がある。この七情の発動がすべて義に適うようにしなければならぬ。かくするには克己《こっき》して自ら己の蔽性《へいせい》を矯《た》むるを要す。あるいは哀しいことがあっても悲しい顔を見せず、嬉しいことがあっても喜んだ顔を見せない人があるが、これは虚偽である。聖人は喜ばしい時には悦び、悲しい時には悲しんで、七情の発動を理に適うようにする。孔子は「七十にして心の欲する所に従えども、矩《のり》を越《こ》えず」と仰せられておるが、（略）心の欲するままにそれに従って言動し、しかも少しも道理に背《そむ》かず、自然に法度《はっと》に適しておるという意義に外ならず。人間の七情の発動がこの境界に到らねば真正の人間とはいえない。本章は記者が孔子の盛徳渾崙《せいとくこんりん》（渾沌として分離しないままの徳）としてこの境界に到入しておることを記したのである。（『論語講義』）

安岡正篤の『論語の活学』

孔子は四つのことを絶《た》たれた。私意・私心というものがなく、自分の考えで事を必する、即ち独断し専行することがなく、進歩的で、いい、かたくななところがなく、我を張らなかった。

これは論語を読むほどの人で知らぬ者のない有名な言葉でありますが、ことに固――いい、かたくなということは一番いけない。よく世間には、大変いい人なんだけれども、どうもかたくなでいけない、というような人がありますが、こういう人はともすれば、世の中を白眼視したり、他人のすること為すことに文句を言ったりするものであります。だから進歩がない。孔子もこの固ということを一番嫌ったようであります。（『論語の活学』）

＊＊＊

人間には感情が備わっているので、意《い》（自分の考え）、必《ひつ》（無理にでも押し通そうとすること）、固《こ》（かたくななこと）、我《が》（自己中心的なこと）を全くなくすことはできない。孔子の教えも、この四つを全くなくすように、と言っているわけではなく、「自分」を中心に四つのことを行うことはやめなさいと言っていると、渋沢栄一は解釈しています。

また、人には喜・怒・哀・楽・愛・悪・慾の七つの感情があるが、この七つの感情の表し方も、自分勝手ではなく、道理にかなうようにしなければならない。そのためには、自分の欲望や邪念に打ち勝って、自分の素直な感情を隠そうとせず、嬉しいときには喜びを、悲しいときには悲しみを素直に発露しなければならないとも述べています。

さらに、心の欲するままに話し、行動しても、道理から外れることはなく、自然に原理原則にかなっているという水準に達しなければ、真に正しい人間とは言えない。孔子はすでにその境地に達していたというわけです。

最後に、渋沢は、これは、孔子の徳の高さに感動した門人が、それを観察して記述したものであると、この章句の成り立ちについて説明しています。
一方、安岡正篤は、意・必・固・我の中でも、固が一番いけないと指摘します。孔子は常に「私益」ではなく「公益」、人間関係においては「我」ではなく「仁」「義」「礼」「智」「恕」「信」「孝」「悌」が大切であると説いていると、端的に述べています。

七、勇気や気概は大事だが、思慮分別も大事

子曰《しのたま》わく、道行《みちおこな》われず、桴《いかだ》に乗《の》りて海《うみ》に浮《うか》ばん。我《われ》に従《したが》わん者《もの》は、其《そ》れ由《ゆう》なるか。子路《しろ》之《これ》を聞《き》きて喜《よろこ》ぶ。子曰《しのたま》わく、由《ゆう》や勇《ゆう》を好《この》むこと我《われ》に過《す》ぎたり。材《ざい》を取《と》る所無《ところな》からん。

《公冶長五》

子曰、道不行、乗桴浮于海。従我者其由也与。子路聞之喜。子曰、由也、好勇過我。無所取材。

(孔子先生がおっしゃった。「国に道が行われないので、私は桴に乗って海外へ行こうと思う。私に従う者は、由(子路の名前)、お前だなあ」。子路はこれを聞いて喜んだ。孔子先生がおっしゃった。「由はたしかに私より勇を好むが、ただ、桴の材料の調達は、まったく考えていないんじゃないか」)

正しい政治が行われず、道義のない世界になってしまったので、孔子が「桴にでも乗って海外に行きたいよ」と愚痴のような言葉を漏らしたときのエピソードです。

子路はたいていの場合、孔子に叱られてばかりいるのですが、ここでは、「一緒に行ってくれるのは子路ぐらいだなあ」と頼りにされています。子路はすっかり有頂天になって、「先生と一緒なら、地の果てまでお供します。いますぐ出発しましょう」などと答えたのでしょう。それを聞いた孔子が、「おいおい、行くのはいいが、その前に桴は用意してあるのか」とたしなめます。喜劇のような一幕です。思い立ったらすぐに行動しようとする、熱血漢の子路らしいエピソードです。

子路は、姓は仲《ちゅう》。名は由。字《あざな》は子路。孔門十哲の一人で、『論語』に登場する回数が最も多い最古参の弟子です。荒々しい性格で武勇を好み、一途で熱血漢でもありました。孔子との出会いに導かれ、人生が大きく変わった人物です。孔子を心から敬愛し、ボディーガード役を務めました。孔子は実直で一途な性格を愛しながらも、思慮分別をもって行動するように諭しています。衛の国の高官に取り立てられますが、内乱に巻き込まれて、孔子より一年早く亡くなっています。

＊＊＊

渋沢栄一の『論語講義』

孔子は「余が浮き世を棄てて絶海の孤島に隠棲することともならば、由《ゆう》よ、その方は余に従って一緒に行くだろうな」と仰せられたので、子路は夫子が己を知って下された知己《ちき》（自分の心の内をよく知ってくれる人）のお言葉に感服して、大いに喜んだのである。孔子は子路のかく悦《よろこ》ぶのを見てかえって憂慮せられ「子路の勇気は十分に余る程あるけれども、思慮分別が足らぬのには困る」と嘆かれて、以て子路を戒められたのである。すなわち子路には物のよろしきほどに、取り材《はか》る所がないには困ると仰せられしなり。

もし子路に思慮があれば、孔夫子のかかる厭世的嘆声を発せらるるを聞けば、孔子に対してそれは飛んでもない仰せなり、道が行われぬとて、絶海の孤島に遁世《とんせい》しようなどとは、夫子にも似合わぬ卑怯《ひきょう》の仰せであると、夫子をお諫《いさ》め申し上ぐべきである。しかるを子路がここに出でぬのは遺憾であるけれども、子路は師のためには水火をも辞せぬ勇気のあるのは感服するに余りあり、かく勇気ある代りに、冷静の態度で物に処する智慮に乏しかったものだから、お諫め申し上げようともせず「我に従わんものはそれ由か」と、子路を見て戯《たわむ》れられた夫子の語を、真面《まとも》に受けて悦んだのである。孔子は子路の悦ぶのを見て、子路に自惚心《うぬぼれしん》を起こさせては、本人のためにならぬと思し召されて、汝《なんじ》の勇気は我に過ぐ、はなはだ感心すれども、物には斟酌《しんしゃく》が必要である。程よく取り材《はか》る所がなくてはならぬぞと訓戒を与えられたるなり。

その胸中に一点の蟠《わだかま》りがなく、天真爛漫《てんしんらんまん》で大竹を打ち割ったような性分は、これに接して見ていかにも心持ちがよい。これが子路の天分である。子路に似た風の人は世間に往々あるが、その人の言ったり考えたりする所には、どうしても原因結果の関係を十分に考慮せず、手抜かりが多いから、容易に賛成ができぬのである。向う見ずの天真爛漫な人の言行には、面白いからとて直ぐに賛成せず、十分に考慮を費やして、しかるのち賛否を決するがよい。そうでなければ、意外の迷惑を自ら招くのみならず、他人へも迷惑を掛け、当人に取っても面白からぬ結果を招来することにもなるものである。よくよく分別すべきものである。

（『論語講義』）

安岡正篤の『論語の活学』

由《ゆう》は子路《しろ》の名前であります。孔子が言われた、「天下に道が行われない。いっそのこと筏《いかだ》に乗って海に浮かびたいと思う。その時自分に従って来る者は、まあ、由であろうか」と。孔子の感慨無量の言葉であります。徹底した人道主義者の孔子にして、こういう嘆息があった、と言うよりも、否、それだけにいっそう、その嘆息が深かったわけである。

筏に乗って海に浮かぶとは、今日であれば、どこかに亡命したいとでもいうところでありましょう。しかし亡命すると言っても、中国とか、ベトナムとかいった外国の、栄枯盛衰常ならぬ、易姓《えきせい》革命（王朝の交替）を繰り返して来たような国の人間ならば、これは大いに余裕があるが、日本のような国で、こういう歴史を持ち、民族精神を持っておる人間はとうてい亡命に耐えられない。（略）

孔子が、道が行われないので海に浮かびたいが、その時に自分に勇ましくついてくる者は、おそらく子路であろう、と言われたものですから、それを聞いた子路は喜んだ。すると孔子は、「子路や、お前は勇を好むことについてはわし以上だが、どうもあまり素朴で、道具にならん、使いものにならん」とこう言われた。つまり最初は勇敢についてくるが、すぐ悲鳴を上げるのはお前ではないのか、と言う孔子の評であります。

「材を取る所無し」については、「筏の材料を取るところがない」などというふうにいろいろ解釈がありますが、ただいまのような解釈は一般の解説書には書いていない。太平の先生というものは、そういうことを考えないものです。しかし西洋の哲学や文学を少し道楽した者から言うならば、別に難しい解釈ではない。亡命というものは、細やかな心情を持って、自分の内面生活に生きられるような人には、持ちこたえられるが、ただ本能的な勇気・気概というものだけでは、かえってもろいものである。だから、ただいまのように解釈しても少しも誤りではない、と私は思う。

そういうふうに論語というものは、現代の世の中、また現代の諸国、あるいは哲学や文学というようなものに、いろいろと思いを馳せることができる。そうして論語は、最も古くしてかつ新しい本だなと思う。と同時に、まだまだ自分は本当に論語が読めておらなかったなあ、としみじみ感ずるのである。

（『論語の活学』）

＊＊＊

子路は一本気で、しばしば無鉄砲な行動をとり、孔子に諭されていますが、子路の諫言《かんげん》をたびたび聞き入れていたほど、二人は厚い信頼関係で結ばれていました。

渋沢栄一は、子路にもう少し思慮分別があれば、孔子の厭世《えんせい》的な発言を聞き、孔子に対し、正しい道が行われないからといって、絶海の孤島に逃げ出そうなどとは、先生に似つかわしくない卑怯なご発言です、とお諫《いさ》めするべきところだ、と残念がっています。しかし、同時に師のためなら、水や火からも逃げないその勇気には感服すると言っています。

こういった愛すべき人は世の中にはけっこういるものだが、勢いに乗じてモノを言ったり、行動したりするので、手抜かりも多く、そういった人間の意見には、その場ですぐに同意せずに、充分に考えをめぐらせた上で、賛成か反対かを決めた方がいい。そうでなければ、思わぬ迷惑や混乱を招いてしまうことになる、と語っているところを見ると、渋沢にも苦い経験があったのかもしれません。

一方、全国師友協会で行われた「論語と師友群像」と題する講演で、安岡正篤は子路について、こんなことを語っています。

実に面白い。おりますね、こういう人間が……。勇ましいことはいくらでも言うが、それではどうするかというと、全く頼りにならない。「このままでは日本は駄目だ、何とかして大いなる革新をやらなければいかん」と言うから「それではその革新をどうやるのか」と訊《き》くと、「うーん」とつまってしまって、「後は誰かやるんだろう」と言う。これでは駄目であります。建設のない破壊はいけません。今日の日本にもこういう子路のような人間が実に多い。もっとも子路ほどの大物はめったにおりません、小型の子路が多いのであります。

(『論語の活学』)

勇気や気概を持ち、積極的に威勢のいい発言をすることは必要だが、それだけでは物事は進まない。ひとたび障害が発生すれば、却《かえ》ってもろいものだと言っています。たとえ目立たなくても、自己鍛錬を怠らずに自分の考えや精神力を練り上げながら、常にじっくりと腰を据えて考え抜く胆力が必要であると説いていると思います。
また、『論語』は、現代の世の中で起こっている事象、哲学や文学にも思いを馳せることができる最も古くて新しい本である、と古典の本質的な価値についても述べています。

八、人物鑑識眼を身につけるのは難しい

宰予《さいよ》、昼《ひる》寝《い》ねたり。子曰《しのたま》わく、朽木《きゅうぼく》は雕《ほ》る可《べ》からず。糞土《ふんど》の牆《しょう》は、杇《ぬ》る可《べ》からず。予《よ》に於《おい》てか何《なん》ぞ誅《せ》めん。子曰《しのたま》わく、始《はじ》め吾人《われひと》に於《お》けるや、其《そ》の言《げん》を聴《き》きて其《そ》の行《こう》を信《しん》ず。今《いま》吾人《われひと》に於《お》けるや、其《そ》の言《げん》を聴《き》きて其《そ》の行《こう》を観《み》る。予《よ》に於《おい》てか是《これ》を改《あらた》む。《公冶長五》

宰予昼寝。子曰、朽木不可雕也。糞土之牆、不可杇也。於予与何誅。子曰、始吾於人也、聴其言而信其行。今吾於人也、聴其言而観其行。於予与改是。

（弟子の宰予が昼寝しているのを見て、孔子先生がおっしゃった。「腐った木に彫刻を施すことはできない。質の悪い土でつくった土塀に上塗りすることはできない。やる気のない宰予を責めてみてもしかたがない」。また、孔子先生はこうもおっしゃった。「はじめ私は、人を判定するにあたり、その人の話を聞いて行動まで信用していた。しかしこれからは、その人の話を聞いた上で、実際の行動を確かめてから判定することにしよう。私は宰予によってそのように改

める」）

宰予は、姓は宰。名は予。字は子我《しが》。孔門十哲の一人で、優秀で弁論の達人と評価されていましたが、軽率な言動があり、孔子には叱られてばかりいました。

本章以外にも、たとえば、魯《ろ》の国の哀公に、土地の神を祭る社の制度について尋ねられた折、宰予は「周の時代には、社に栗の木を植えました。罪を犯すと、ここで誅戮《ちゅうりく》（罪を犯した人を罰すること）するぞと、民を震え上がらせるためです」と、答えました。後にそのことを聞いた孔子は、過去のことを今さら咎めだてしてみても始まらない、宰予は誠につまらぬ説明をしたものである、と言って、その発言の誤りを戒めたといいます《八佾《はちいつ》三》。

また、孔子に「父母のためにする三年の喪は長すぎると思います。君子が三年の喪に服して、礼を修めなければ礼は廃れ、音楽を修めなければ音楽は廃れます。古い穀物がなくなっても一年たてば新しい穀物が実り、火取りの木をこすって火を改めるのも一年です。父母の服喪も満一年にするのはいかがでしょうか」と尋ね、孔子は、強くその不心得を咎め、実に情け薄いことである、と嘆いたといいます《陽貨十七》。

前のエピソードは、反乱が続いて衰退していた魯の哀公の失敗を未然に防ぐために、孔子はあえて宰予を悪者にして、このような言葉を残したとする説、後のエピソードは、理想的な立場から子としての情意を尽くすことを説く孔子と、人々の負担軽減という現実的な立場から服喪期間の短縮を提言した宰予の意見の相違と見る説など、さまざまな説があります。

＊＊＊

渋沢栄一の『論語講義』

孔夫子の聖《せい》といえども初めのうちは、その言によりてその人を信ぜられて判断を誤られたるがごとし。我々凡人はとかく人を軽信して失敗を取ることあり。人は経験を積むにつれて、飼犬に足を噛《か》まれたりして、容易に人の口車に乗ってはならぬということに気のつくものである。真に人を鑑別しようとするには、まずその言を聴きその行いを観《み》た上にさらに一歩を進め、孔夫子が為政《いせい》篇において、「その以《な》す所を視、その由る所を観、その安んずる所を察すれば人焉《いずく》んぞ廋《かく》さんや」と、説かれたごとく、行為のみならず、行為の根源となる精神、精神の由来する安心の大本にまでも観察を進めて、人物の観察をすれば、人の真相判明し、人につり込まれもせず、人に過《あやま》られもせぬ境《さかい》に到るべし。

大事業を成す人は、自己の腕前よりも、人物鑑識眼を備うるを必要とするのである。一人の才能はいかに非凡でもその力に限りのあるものである。何もかも一人で捌《さば》き得るものではない。人物をよく鑑別する眼さえあれば、部下に優秀の人材を招致《よせる》ことができるから、我が働きを以てするよりも、迥《はる》かに好成績を挙げ得らるるものである。人には一長一短あるものなれば、これを鑑別して適所に配置すれば、いかなる大事業も成就すべし。

非凡の材識を具《そな》えられた人で、案外人物の鑑識眼に乏しい方が少くない。（略）平岡円四郎や陸奥宗光伯もこの類の人かと思わる。陸奥伯の交わられた人や用いられた人は、必ずしも善良誠実の人ばかりではなかった。

井上侯は元来感情家であるけれども、人物を鑑別するには、決して感情に駆られず、人を用いるには、まずその人物の善悪正邪を識別するに努められ、それから後に用うべきを用いたものである。ゆえに佞人《ねいじん》（口が上手で心が邪悪な人）を仁者であると思い違えてこれを重用するようのことは決してなかった。

（『論語講義』）

安岡正篤の『論語の活学』

宰我もえらく孔子から見限られたものでありますが、本文に対しては昔からいろいろ議論がなされておる。ちょっと昼寝したくらいで、なぜこれほどまで孔子が言われるのか、というものもあれば、いや、そうではない、昼も夜もきまりなく寝たからだというものもある。中には、女を連れて寝たからだ、とまあ今日の週刊誌等にお誂え向きの解釈をするものまである。

しかし、とにもかくにも四科十哲の一人に挙げられておるほどの人物でありますから、ただこれだけの人物であるとは、とうてい思われない。またその彼が『孟子』公孫丑にも書いてありますように、「自分が見るところでは、夫子《ふうし》は堯《ぎょう》・舜《しゅん》よりもはるかに勝っておる」と言うて、心から孔子に服しておるのでありまして、そういうところから考えても、良いところがたくさんあったに違いない。ところが良いところがわからなくなってしまって、悪いところだけが残っておる。まことに気の毒な話であります。

（『論語の活学』）

＊＊＊

「飼い犬に手を噛まれる」という言葉があります。この人なら大丈夫と軽率にも信じてしまったことが徒《あだ》となって、裏切られて手痛い失敗をすることは、よくあることです。人を見る達人の孔子ほどの人でも、若い頃は判断を誤ってしまうことがあったのではないか。ましてわれわれ凡人は、こういった失敗を積み重ねながら、人を観る目を養っていくしか方法はない、と渋沢栄一は言っています。特に多くの事業を立ち上げ、次々と信頼できるパートナーに託していった渋沢は、大きな事業を成功させるために必要なものは、自分の能力より人物鑑識眼であると言い切っています。その方法を多く『論語』に学び、実体験で活かしながら、経験知として積み上げていったのでしょう。

また、徳川慶喜の右腕として活躍し、渋沢が一橋家、幕臣となる道を開いた平岡円四郎について、非凡な才能や見識を備えているにもかかわらず、案外人物を見極める目に乏しい人だったと評価しているところは興味深い点です。

一方、安岡正篤は、宰予は大変優秀で、孔子を心から尊敬し、大事に思っていたと、さまざまな史料に書かれているにもかかわらず、孔子にここまで見限られているこのエピソードには、さまざまな議論がなされてきたと述べています。

たとえば、『史記』によると、宰予は斉の国の長官になりますが、内乱にかかわって一族皆殺しになったため、『論語』の編纂の際には、直接の弟子や関係者がいなかったことから、孔子に怒られた話ばかりが残されたという説があります。また、斉の反乱に加わったのは同じ字《あざな》の別人であり、司馬遷が誤って記述したという説もあります。

九、本当に優れた人材の条件

顔淵《がんえん》喟然《きぜん》として嘆《たん》じて曰《いわ》く、之《これ》を仰《あお》げばいよいよ高《たか》く、之《これ》を鑽《き》ればいよいよ堅《かた》し。之《これ》を瞻《み》るに前《まえ》にあり、忽焉《こつえん》として後《しりえ》にあり。夫子《ふうし》循循然《じゅんじゅんぜん》として善《よ》く人《ひと》を誘《いざな》う。我《われ》を博《ひろ》むるに文《ぶん》を以《も》ってし、我《われ》を約《やく》するに礼《れい》を以《も》ってす。罷《や》めんと欲《ほっ》すれども能《あた》わず。既《すで》に吾《わ》が才《さい》を竭《つく》せり。立《た》つ所《ところ》有《あ》りて卓爾《たくじ》たるが如《ごと》し。之《これ》に従《したが》わんと欲《ほっ》すと雖《いえど》も、由末《よしな》きのみ。

《子罕九》

顔淵喟然嘆曰、仰之弥高、鑽之弥堅。瞻之在前、忽焉在後。夫子循循然善誘人。博我以文、約我以礼。欲罷不能。既竭吾才。如有所立卓爾。雖欲従之、末由也已。

（顔淵が、いかにも感に堪えぬといった様子でこう言った。「（孔子という方は）仰げば仰ぐほどいよいよ高くて、とうてい及ぶべくもない、切れば切るほどいよいよ堅くて歯が立たない。前におられるかと思うと、たちまち後におられる。そうして先生は身近におられて順序よく上手に人を導かれる。学問を以てわたくしを博く通ぜしめ、それが散漫にならぬように礼を以てわたくしを統制させてくださる。止めようと思っても止めることはできない。すでにわたくしは自分のありったけの才能を尽くして先生について勉強してきた。しかしやっと追いついたかなと思うと、もう先生は及びもつかないような高いところに立っておられる。何とかついてゆこうと思っても、どうにもならない」）

およそ三〇〇〇人いたといわれる孔子の弟子の中でも優秀な一〇人は「十哲」と呼ばれています。子路や宰予のほかに子貢《しこう》、冉有《ぜんゆう》、仲弓《ちゅうきゅう》、冉伯牛《ぜんはくぎゅう》、顔回《がんかい》（顔淵《がんえん》）、閔子騫《びんしけん》、子夏《しか》、子游《しゆう》の面々です。その中でも特に優れていたのが、「一を聞いて十を知る」といわれた顔回でした。

顔回は、姓は顔。名は回。字は子淵《しえん》。何より勉強好きで、しかも決して知識をひけらかさない。学ぶことさえできれば貧しさも平気、という彼のことを、孔子は年若い弟子ながら尊敬します。


子曰《しのたま》わく、回《かい》や其《そ》の心《こころ》三月仁《さんがつじん》に違《たが》わず。其《そ》の余《よ》は日《ひ》に月《つき》に至《いた》るのみ。

子曰、回也、其心三月不違仁。其余則日月至焉而已矣。《雍也六》

（孔子先生がおっしゃった。「顔回は、仁の心を三月《みつき》も忘れることはないが、他の者は一日か、せいぜい一月《ひとつき》続く程度だ」）


と大絶賛しています。しかも顔回は口数が多い方ではなく、清貧に暮らしていたところも気に入っていたようです。孔子は、自分のあとは顔回に継いでほしいと思っていたのかもしれません。けれども若くして、孔子よりも先に亡くなってしまいます。その死を知った孔子は、

顔淵死《がんえんし》す。子曰《しのたま》わく、噫《ああ》、天予《てんわれ》を喪《ほろ》ぼせり。天予《てんわれ》を喪《ほろ》ぼせり。《先進《せんしん》十一》

顔淵死。子曰、噫、天喪予。天喪予。

（顔淵が亡くなった。孔子先生がおっしゃった。「ああ、天は私を滅ぼした。天は私を滅ぼした」）

二度にわたって「私を滅ぼした」と繰り返してくるところから、慟哭している孔子の姿が痛いほど想像できます。この章句を読むと、私もいつもいたたまれない気持ちになります。顔回は、これほど徳の高い人でしたが、その顔回が孔子の徳には遠く及ばないと感嘆したのが、この章句です。

＊＊＊

渋沢栄一の『論語講義』

この章は孔門第一の徳行及び篤学《とくがく》の顔淵《がんえん》が、孔子神聖の徳を嘆美せしなり。（略）

古来英雄・豪傑・偉人と称せられた人は、孰《いず》れも特長があって、あるいは意思が強く、あるいは気魄《きはく》が高く、あるいは智慮が周密、あるいは才幹が俊秀、あるいは学識が深淵、あるいは思想が遠大、あるいは決断が果敢、あるいは根気が勇猛とかいう美点の存すると同時に、あるいは短慮、あるいは無学、あるいは好色、あるいは残忍、あるいは迂《う》拙《せつ》、あるいは措大《そだい》、あるいは妄動、あるいは執着等の短所があるものである。これを換言すれば、非凡な人はある方面には大いに勝《すぐ》れておる代りに、他の方面には大いに劣っておる欠点があるが、孔子は平凡人のすべてのことに通じて、かつ傑出しておるから「孔子は、平凡の発達した聖人というべきである」と、先年井上哲次郎博士が称《とな》えられたのは、余はすこぶる妙言と思うておる。

孔子のごとき平凡の発達した聖人を今日に求めんとするも、固《もと》より得べからざることであるけれども、元来孔子は凡人の典型であって、その平々地凡々地の教訓に吾人の学ぶべき道が説かれてあるのだから、吾人はたとえ孔子に及ぶべからずとするも、男女共に大いに努めて、その教訓に従い、修養を積まねばならぬと思う。

（『論語講義』）

安岡正篤の『論語の活学』

顔回を孔子は次のように語っておる。

子曰《しいわ》く、吾、回《かい》と言うこと終日、違《たが》わざること愚《ぐ》なるが如し。退《しりぞ》きて其《そ》の私《わたくし》を省《せい》すれば、亦以て発するに足る。回や愚ならず。

《為政二》

子曰、吾与回言終日、不違如愚。退而省其私、亦足以発。回也不愚。

（孔子が言われた、「回と終日話をしておっても、意見が違ったりすることが少しもなく、その従順なことは愚人のようである。しかし退いた後の彼の私生活ぶりを見ると、大いに啓発するに足るものがある。回は決して愚ではない」）

顔回は、終日話しておっても、はいはいと従順で、まるで愚物のようだけれども、決してそうではない、啓発するに足る人間であるという。実に味のあるところですね。師弟の間はもちろんのこと、兄弟、父子、夫婦の間も、こういうふうにありたいものでありります。これは孔子の顔回評でありますが、反対に顔回の孔子評が、最初に紹介した章句であります。本当の師、理想の師というものは、こういうふうでなければいけません。ぴったりとついてゆけそうで、追い越せそうで、なかなかそれができない。気がついてみると、もう先生はずうっと前を歩いておる。一段高いところにおって、とうてい及びもつかない。（略）

哀公問うて曰《いわ》く、弟子《ていし》、孰《たれ》か学を好むと為《な》す。孔子対《こた》えて曰く、顔回なる者有り、学を好み、怒りを遷《うつ》さず、過《あやまち》を弐《ふた》たびせず。不幸、短命にして死せり。今や則《すなわ》ち亡し。未《いま》だ学を好む者を聞かざるなり。

《雍也六》

哀公問曰、弟子孰為好学。孔子対曰、有顔回者、好学、不遷怒、不弐過。不幸短命死矣。今也則亡。未聞好学者也。

（魯の哀公が孔子に「弟子の中で誰が学問を好みますか」と訊ねた。孔子答えて言う、「顔回という者がおりました。学問を好み、怒りを他に移す、すなわち腹立ちまぎれに他に当たるようなことはなく、過《あやまち》ちを再び繰り返すことがなかった。不幸、短命にして死し、今はおりません。他に私はまだ本当に学問を好むという者を聞いたことがありません」）

怒りを移さず、過ちを繰り返さない。なかなかできないことですね。たいていは怒りを遷《うつ》す、過ちを繰り返す。躓《つまず》いた石にまで当たって、「この野郎っ！」などと言って蹴飛ばす。そうかと思うと、自分の不注意は棚に上げて、「誰がこんなものをあんなところに置いたのか」などと家の者に当たる。またこういうのが過ちを繰り返す。そうしてとんだ結果を生む。「ああ、自分が不注意であった」と反省する人は案外少ないものです。小事にその人間がよく現れると言いますが、そのとおりで、何でもない些細なことにその人の性格がよく出るものであります。

その点、顔回は偉かった。そうして回のほかに「未《いま》だ学を好む者を聞かざるなり」と言うのですから、孔子がいかに顔回に許しておったかということがよくわかる。

（『論語の活学』）

＊＊＊

渋沢栄一は、井上哲次郎という哲学者の言葉を引いて、この章句を説明しています。井上は、欧米哲学を多く日本に紹介して帝国大学で日本人初の哲学の教授となり、西洋哲学の方法を用いて儒教の解明を試みた学者として名を残した人です。「孔子は、平凡の発達した聖人というべきである」と述べた井上の言葉に、渋沢は大いに同意しています。

一般的に英雄や豪傑、偉人と称せられた人、すなわち非凡な人というものは、ある面に突出して優れている一方、他の面で大いに劣っていて、バランスが悪い場合が多いからです。そもそもある面で抜きん出た能力を持つ非凡な人に学んで、同じような能力を身につけようとすることは難しく、現実的ではありません。しかし、平凡だけれども、すべての分野において秀でている孔子だからこそ、われわれの学ぶべき道が示されている、それを学ばない手はないと説いています。

一方、安岡正篤は、孔子の顔回評を引用しながら、優れた人物の言動とはどういうものか、また、心の通い合う子弟関係とはどういうものかについて、さらに議論を深めていきます。

哀公が学問を好む人とはどんな人かと尋ねたのに対し、孔子は、怒りの気持ちを移さないこと、二度と同じ過ちをしないことの二つの要件を答えて、顔回の名前を告げています。

祖父は、この章句を解説することで、孔子の言う学問とは、単に知識や物事の道理を究めるだけでなく、徳性を養う修業の学に重きを置くものであることを説いています。

十、「視」「観」「察」の三段階人物鑑定法

子曰《しのたま》わく、其《そ》の以《な》す所《ところ》を視《み》、其《そ》の由《よ》る所《ところ》を観《み》、其《そ》の安《やす》んずる所《ところ》を察《さっ》すれば、人焉《ひといずく》んぞ廋《かく》さんや。人焉《ひといずく》んぞ廋《かく》さんや。

《為政二》

子曰、視其所以、観其所由、察其所安、人焉廋哉、人焉廋哉。

（孔子先生がおっしゃった。「その人の行動をよく見て、その人の行動の原因や動機をよく見て、その人が自分の行動に満足しているかどうかについて、よくよく検討してみれば、その人の本質をどうして隠し通すことができようか。どんな人でも隠し通すことはできない」）

時代の変革期、孔子が生きた春秋時代末期は、国の栄枯盛衰により、従来のさまざまな制度の規制が緩んで、人材の自由化が進み、さまざまな人たちがチャンスを求めて動き回りました。そんな時代には、人をどう評価し、どう見抜くか、逆に人にどう見られ、自分をどう売り込むかは、生きていく上で重要な要件でした。

この章句は、孔子なりの人物観察の仕方です。「みる」という漢字を使い分けています。ここには出てきませんが、「見」は目に入ってくるものを見る。「視」は見ようとして見る。「観」はつぶさに見る。「察」は見えないものを見ようとすることです。観察とは、手に取って裏も表も中も外も詳しく見て、さらに見えないところはどうなっているのかを想像することです。漢字の意味の違いがわかると、言葉は理解しやすくなります。

どのように行動するのか、その動機は何なのか、そしてその結果に満足しているのか。この三つの観点から、人物を判断できると孔子は考えました。行いには必ず理由がありま す。その理由は義にかなっているのでしょうか。それが正当であれば、その行動や目的も、きっと正しいはずです。誰もが納得できる理由であれば、結果にも理解を得られます。私心がないとはそういうことです。

人物を判断するときの視点と言いましたが、逆も成り立ちます。自分も人からこのような基準で判断されているのです。自分をよく見せようとする、実は私利私欲を隠している、努力をしているふりをして成果だけは得たいと思っている。こんな本音は必ずどこかに表れます。見せかけの言葉や行動にはほころびが生じます。誠実さがない人はすぐに見透かされてしまうということです。

行動、理由、目的。どこから見られても、恥ずかしくない生き方をしたいと、改めて思わせられる言葉です。

＊＊＊

渋沢栄一の『論語講義』

人を知ることは誠に難事である。厚貌深情《こうぼうしんじょう》（顔つきは親切なようでも、心の中は奥深くて何を考えているかわからないこと）機を見て遷《うつ》り、勢《いきおい》によりて変ず。賢を知ること固《もと》より難し。姦《かん》（悪賢いこと）を知るまた易からず。人物観察は古来聖人なお病めり。

人の眸子《ぼうし》（瞳のこと）を観てその人の善悪正邪を知るは孟子の観察法なり。初見《しょけん》の時に相《そう》すれば人多く違わじというは佐藤一斎翁の観察法なり。これはいずれも簡易な手っ取り早い方法で、これにても大抵は外《はず》れぬものである。豊臣秀吉は重瞳《ちょうどう》（一つの眼球に二つの瞳孔がある眼）にて眼光烱々《けいけい》人を射る。朝鮮の使節これを見てその非凡人たるを知れりという。（略）

孔子の人物観察法は前の手っ取り早い簡易法でなくて、視・観・察の三つを以て人を鑑別せねばならぬものというにあり。そもそも人物を観察するに、まず第一その人の外面に顕われたる行為の善悪正邪を視、第二にその人のこの行為は何を動機にしているものなるやを篤《とく》と観極《みきわ》め、第三にさらに一歩を進めてその人の安心は何《いず》れにあるや、その人は何辺《なへん》に満足して暮しているやを察知すれば、必ずその人の真正の性質が明瞭になるものて、いかにその人が隠しても、隠し得られるものでない。外面に顕《あら》われたる行為が正しく見えても、その行為の動機たる心意が正しくなければ、その人は決して正しい人物とはいえぬ。時あっては悪事をあえてすることなしとせずである。

また、外面に顕われた行為も正しく、これが動機となる精神もまた正しいからとて、もしその安んずる所が飽食・暖衣・逸居《いっきょ》するにありというようでは、その人はある誘惑によっては意外の悪をなすこともあるものである。ゆえにその安心が正しき人でなければ、徹頭徹尾正しい人であるとは保証がせられぬ。この三層の観察法を以てすれば、人いかに矯飾《きょうしょく》（うわべをかざること）するとも、何《いず》くんぞその善悪の性質を隠匿《かくす》ことを得んや。善人は善人、悪人は悪人と判然明白し、あたかも浄玻璃《じょうはり》の鏡（地獄の閻魔が亡者を裁くとき、善悪の見極めに使用する鏡）にかけてみるがごときものあらん。本章末句を重言せるは、その決して鑑識を誤らざるを確乎《かっこ》として断言する意なり。

余は社会各方面の人に応接するが、門戸開放主義を取っていかなる人にも面会しております。（略）故《もと》の大隈侯爵は、やや余と同じお店《たな》の張り方で、来るものは拒まず、誰でも引見《いんけん》して面談せらるるようにお見受け申すが、その他には余と同じような門戸開放主義の方は余りないように思われる。余を訪問せらるる方々の中には余に交わりを求めらるるための方もあれば、また不肖《ふしょう》なる余の談話でも聴こうというお方もあり、また余によって用便をたそうという方もある。その用向きはいろいろであるが、余はそれに対して孰《いず》れも誠意を以てご応接申し上げ、正心を披瀝《ひれき》することに致しているが、その間にも余にはまた余の人物観察法というものがあって、ご来訪下さる多数の方々について、一々識別を致すことにしている。人物の鑑別はなかなか難事であって、孔聖の人物観察法は本文の通りであるが、ここに余の主義や実験せし処を述べて以て青年諸君の参考に備う。

（『論語講義』）

安岡正篤の『論語の活学』

人がどういう行為をするか。その行為の由《よ》って来《きた》るところ、その人の心境がどこに落ちつくか。これらを観察すれば、いかにも人はかくすものではない。人間観察法・試験法は東洋に実によく発達している（たとえば「呂覧」論人の八観・六験・六戚・四隠というように）。従来の西洋諸学のように分析的・抽象的・静的研究にとどまらず、人間についても、これからはもっと東洋流に具体的・即事的・動的研究が復興されねばならぬと思う。

（『論語の活学』）

＊＊＊

孔子の生きた春秋末期と同じように、渋沢栄一が生きた幕末から明治にかけても時代の変革期でした。企業や学校をはじめ多くのさまざまな事業を手がけてきた渋沢にとって、人物を見極めることは重要な課題で、すぐれた人間研究の書である『論語』を指針として愛読していたに違いありません。

この章句についての解説を始める前に、瞳を観てその人の善悪正邪を知るという孟子の観察法、初見の時の印象が大切であるとする佐藤一斎翁の観察法を紹介しています。

そして、孔子の視→観→察の「三段階人物観察法」を使って臨めば、善人は善人、悪人は悪人とはっきりわかり、あたかも地獄の閻魔が亡くなった人を裁くとき、善悪の見極めに使う鏡にかけたようになるだろうと言っています。

渋沢は、門戸開放主義を掲げ、病気や支障がない限り、訪ねてくる人に対しては用件にかかわらず、必ず会って本心を披瀝することにしている。同時に、訪れる人一人ひとりに対し、この三段階人物観察法を駆使していると述べています。合理的で勤勉な渋沢は、求められる面談を実施しながら、自身の人物鑑定力を鍛える絶好の機会と捉えてもいたのでしょう。

一方、安岡正篤は、人間観察法は、西洋の学問の特色である分析的・抽象的・静的研究より、東洋流の具体的・即事的・動的研究の方が向いているのではないか、と述べています。

実際、『論語』に限らず、中国古典には多くの知恵が蓄積されているからです。祖父が語っている『呂覧《りょらん》』の八観《はちかん》・六験《ろくけん》・六戚《りくせき》・四隠《しいん》をご紹介します。

『呂覧』は、中国戦国時代の秦の政治家・呂不韋《りょふい》が、孔子が編纂したといわれる『春秋』にならって学者を集めて作成させたといわれる春秋戦国時代の思想を集大成した書物です。中でも、人物を観る観点から重要な教えであるといわれているのが、八観・六験・六戚・四隠です。こんなことが書かれています。

◆八観

一　通ずれば其の礼する所を観る

（順調に物事が進んでいる時、何を礼するかを観察する）

二　貴《たか》ければ其の進むる所を観る

（出世して、どういう人物を尊ぶかを観察する）

三　富めば其の養ふ所を観る

（金ができ、何を養うかを観察する）

四　聴けば其の行ふ所を観る

（よいことを聞いて、それを実行するかを観察する）

五　止《いた》れば其の好む所を観る

（仕事が板についた時、何を好むかを観察する）
六　習へば其の言ふ所を観る
（習熟すれば、その人物の言うところを観察する）
七　窮すれば其の受けざる所を観る
（困った時、何を受けないかを観察する）
八　賤《せん》なれば其の為さざる所を観る
（落ちぶれた時、何を為さないかを観察する）

◆六験
一　之を喜ばしめて以て其の守《しゅ》（外してはならない大事なことを守れるか）を験《けん》す
二　之を楽しましめて以て其の僻《へき》（人間的かたより）を験す
三　之を怒らしめて以て其の節（節度）を験す
四　之を懼《おそ》れしめて以て其の持（独立性、自主性）を験す
五　之を哀しましめて以て其の人（人柄）を験す
六　之を苦しましめて以て其の志《し》を験す

◆六戚
父・母・兄・弟・妻・子の六つの親戚

◆四隠

一　どういう友だちと付き合っているか
二　どういう古いなじみを持っているか
三　どういう所に住んでいるか
四　どういう構えをしているか

人物観察の要諦が具体的に説明されています。

（『経世の書「呂氏春秋」を読む』安岡正篤）

十一、孔子は最も偉大な人間通である

葉公《しょうこう》、孔子《こうし》を子路《しろ》に問《と》う。子路《しろ》対《こた》えず。子《し》曰《のたま》わく、女奚《なんじなん》ぞ曰《い》わざる。其《そ》の人《ひと》と為《な》りや、憤《いきどお》りを発《はっ》して食《しょく》を忘《わす》れ、楽《たの》しみて以《も》って憂《うれ》いを忘《わす》れ、老《お》いの将《ま》さに至《いた》らんとするを知《し》らずと云爾《しかいう》と。《述而七》

葉公問孔子於子路。子路不対。子曰、女奚不曰。其為人也、発憤忘食、楽以忘憂、不知老之将至云爾。

（葉公が、「孔子という人は、いったいどういう人ですか」と子路に尋ねたが、子路は答えなか

った。それを聞いて孔子先生はこうおっしゃった。「お前はどうして言わなかったのか、その人となりは、憤を発しては食も忘れ、道を楽しんでは憂も忘れて、やがて老のやって来ることにも気がつかない」）

この章句の、子路がなぜ孔子について尋ねられたのに答えなかったのかについては、いくつかの説があります。最も有力な説は、葉公が、あるとき孔子に、私の郷党では、父親がよその羊を盗んだとき、子が父の犯罪を役所に訴え出た。私の領地にはそれほどの正直者がいる、と自慢げに話しました。

孔子はこれに対して、私たちの村の正直者は少し違います。父親は子どものためにその悪事を隠してかばってやり、子どもは父親のためにその悪事を隠してかばっています。悪事を隠すという点では、正直さがないように考えられますが、それよりも親子それぞれの情に対して正直であることの方が大切だと考えるのが、私たちの村の正直者です、と答えました。そのやりとりを知っていた子路は、そんな葉公に孔子の考えを話しても無駄だと考え、答えなかったというものです。

それ以外にも、子貢のような雄弁家でなかったため、うまく答えられなかったという説、自分の師に対する人物評になるので答えを差し控えたという説もあります。

孔子が、道を求める自らの熱い心情を語るエピソードはそれほど多くありませんが、気が置けない最古参の弟子・子路に、改めて正しい道を求めること、そこに楽しみを見いだすことの大切さを説いていると思います。

＊＊＊

渋沢栄一の『論語講義』

すべて人は自分の主義主張もしくは事業に熱中する時は、食をも憂いをも忘るるものだ。余のごときものでも論語の主旨をなるべく弘く世間に宣伝したいと熱心に意《おも》えば、これがために時間を割き、談話をなすことを何の苦とも思わぬようになる。論語の趣意を宣伝するのに楽しみを持たぬようだと、この講義のために時間を割くのも、筆記を読んで加筆するのに手数の掛かるのも、みな五月蝿《うるさい》ような気がして、とても今日まで継続してこられるものでない。何事をなすにも、その事業を楽しむようにならねば決して永続するものでなく、また成功するものでないのである。

人は憂いのないものはない。余とても公私共に種々の心配事が絶えずある。支那問題や、米国問題に関しても、余の思う通りに運ばぬのを、不快に思うことがあるけれども、これを心配し始めたら限りがなくなる。当局者が余の意のごとくならざるは、余にも到らぬ所があり、当局にも届かぬ所があり、時勢が未だ熟せぬのだと思えば、腹もふくれず、悠然として時機の円熟を待ち得らるることになる。

一家の私事でも、主人の意のごとくならざることが随分あるものだ。しかれども一家族を挙げて主人の思う通りにしてしまおうとしても、それは不可能なことだと思えば、別にそれが苦痛ともならず、仕事を楽しみにして奔走《ほんそう》しておる中には、何時となく憂いを忘れてしまうのである。

働くということが人生における第一の楽しみであり、不老不死の薬も、働くに勝る薬はあらじとぞ思う。人は働いてさえおれば憂いも消え心配もなくなるものである。論語顔淵篇に「君子は憂えず懼《おそ》れず」とあるが、余はあえて有徳の君子を以て自らおらずといえども、自らせねばならぬと思うた仕事は、心に楽しんで熱心にこれをやることができ、これによって凡百の憂いを忘れ、憂えず懼れずの境界になり得らるることを自ら喜んでいる。


（『論語講義』）

安岡正篤の『論語の活学』

こういう人です、孔子という人は。さすがによく自らを語っておる。発憤は言い換えれば、感激性というもので、これは人間にとって欠くことのできない大事なものである。ちょうど機械で言えば動力、エネルギーのようなものです。どんな優秀な設備・機械でも、動力がなければ、燃料がなければ動かない。発憤は人間の動力であり、エネルギーである。したがって発憤のない、感激性のない人間は、いくら頭が良くても、才があっても、燃料のない機械・設備と同じことで、一向役に立たない。

「感激の魂よ、汝をはらめる母は幸いなるかな」とダンテも言うておるが、本当にそのとおりであります。

しかしその発憤も、孔子の場合は並のものではない。「憤を発して食を忘れ」、めしを食うことも忘れてしまうのである。発憤、感激性にはそういうところがなければならない。ところが感激性の人はどうかすると、昂奮しやすい。昂奮すると、今度は少し人間が変調になる。それもエモーショナル程度の穏やかなものならよいが、往々にしてエキセントリック、ヒステリックになる。これは人間の器《うつわ》が小さいということにほかならない。

そこで憤を発して食を忘れる反面に、「楽しんで以て憂を忘れる」、言い換えれば余裕がなければいけない。だいたい発憤するのは、それはいけない、こうでなければならぬ、という時であるから、人間がせまりやすい。ということは楽しみを失いやすいということである。だから「楽しんで以て憂を忘れる」ところがなければならない。そうして「老の将に至らんとするを知らず」、自分が年老いてゆくことすら忘れておる。まあ、これだけのことだ、孔子という人間は、というわけです。

いかにも人間味豊かな、しかも孔子その人の本質に触れておる言葉でありまして、なるほど孔子とはそういう人であったか、と大いに共鳴を感ぜしめられる一節であります。

そこで、孔子という人はそういう人であったかとわかってみると、あるいはそういう点もあったであろうと思われることが一つある。それは孔子が老子に会った時の話であります。『史記』の「孔子世家《せいか》」を読むと、孔子は老子と会見して、問答をしております。

これは考証的にいうと問題で、はたして老子は名のごとく孔子の先輩であるのか、それとも同時代、あるいは逆に老子の方が後ではないのか、などといろいろ議論があり、そもそも老子の実在そのものがはっきりしないところがある。

しかしそういう考証的なことを離れれば、実に面白い。もちろん老子を大先輩として、そこへ年若き孔子が訪ねて行ったことになっておる。その時に老子が、「子の驕気《しきょうき》と多欲と態色《たいしょく》と淫志とを去れ、是れ皆、子の身に益無し」と孔子に訓誡を与えた。俺が俺がという態度が「驕気」、それから「多欲」、「態色」はゼスチュア、なんでもかんでもやってのけようというのが「淫志」です。これを孔孟派の人々は嫌がって、老子に反感を持つのでありますが、私どもから言わせると、決して孔子を傷つけるものではない。なるほど孔子の若い時にはそういう一面もあったであろうと思われる。

しかしこういう烈々たるものを持ちながら、ヒステリックにもならず、ゆったりと、焦らず、躁《さわ》がずに、自己を練って、次第に円熟に持って行ったところに孔子のまた偉いところがある。

孔子というと、道徳の乾物《ひもの》のように考えておる人が多いのですが、実際は正反対で、孔子は最も偉大な人間通である。論語を読んでもそのことがよくわかる。ずいぶん面白いことが書かれております。

（『論語の活学』）

＊＊＊

渋沢栄一は、誰でも主義主張や事業に熱中するときは食事を取ることも憂いも忘れるものだと、この章句の孔子の言葉に共感しています。加えて、何事をなすにも、その仕事を楽しむという境地に至らなければ、決して永続するものではなく、また成功するものではないと言い切っています。もちろん自分にも、公私共に常にさまざまな心配事があるが、仕事を楽しんで夢中になっているうちに、いつの間にか忘れてしまうとも述べています。

自分は孔子のような聖人ではなく、凡人の一人に過ぎないが、確かに「之を好む者は、之を楽しむに如かず」《雍也六》のような心情を実現できていると、『論語』の教訓を実践することの効用を説いています。

一方、安岡正篤は、孔子が自らの率直な心情を弟子に語っている、その誠実さに感銘を受けています。そして、発憤して食事を取ることさえ忘れてしまう、と語っている点について、孔子の感激性、つまり豊かな感受性を見て、人間が何事かを成す際には欠くことのできない大事な素養であると指摘して、第一章でもご紹介しましたが、若き日に、老子から、野心や情熱の過剰さについて忠告を受けたエピソードを紹介しています。

さらに、道を楽しんでは憂《うれい》も忘れ、やがて老《おい》のやって来ることにも気がつかない、との言葉に、自らの豊かな感受性を、ゆったりと、焦らず、躁《さわ》がず、自己鍛錬によって練り上げ、円熟の境地に到達したとみて、孔子の人間性、徳の高さについて共感しています。

『論語』は、読む人によって、さまざまな角度から光が当てられ、それによってまた光を放ってくれる不思議な書物です。読む人がさまざまな解釈をする余地を残してくれている点も、古典中の古典の名にふさわしいと言えるでしょう。

『論語』には、個人として精神を養って人間性を高めていくと同時に、家族、学校、会社など組織の中で仕事をしたり、何らかの役割を担うことで社会的に有用な人物になる、その二つの効用が説かれています。そして、社会における地に足が着いた妥当な判断、身の処し方の原理原則がたくさん示されています。

孔子について、渋沢栄一は「平凡人のすべてのことに通じて、かつ傑出している」と言って、『論語』を単なる修身の教科書ではなく、事業や人間関係の課題を解決するための指針として愛読しました。安岡正篤は、孔子を「最も偉大な人間通である」と語って、提唱する「人間学」を追求するための、また、よき指導者のあり方を研究する参考書として常に座右に置いていたのだと思います。

『論語』は、現代のように価値観が揺らぎやすい時代にこそ求められる「心の拠り所」になり得るのではないでしょうか。

第六章　埼玉に縁のある二人の巨人に学ぶ

渋沢栄一ブーム来たる！

安岡定子　新一万円札の新しい顔、二〇二一（令和三）年のＮＨＫ大河ドラマ「青天を衝け」の主人公となった渋沢栄一先生に大きな注目が集まっています。池田一義会長がリーダーを務めておられる埼玉りそな銀行も、商工会議所も、渋沢先生とは深いつながりがあるとうかがいました。

池田一義　そうなんです（笑）。当行は、埼玉銀行と協和銀行が合併をしてあさひ銀行、さらに大和銀行との合併を経て埼玉りそな銀行となりましたが、渋沢栄一先生は埼玉銀行のルーツの一行、武州銀行に関わり、その前身の黒須銀行で顧問を務められています。

渋沢先生の出身地である深谷市は大変盛り上がっています。新一万円札に渋沢先生の肖像の掲載が決定した二〇一九（平成三一）年から、埼玉県深谷市のＨＰに渋沢栄一デジタルミュージアムという特設サイトを設けて、渋沢先生に関するさまざまな情報提供を行っています。

また、商工会議所にいたっては、渋沢先生は東京商工会議所の設立者でもありますので、記念事業としてゆかりの地を巡るツアー、セミナーの開催、東商新聞上で渋沢先生が関わった企業の現在の活動ぶりを紹介する記事の連載開始、書籍やグッズの企画・販売、また本部ビル内に渋沢先生の直筆書籍や銅像などを展示した「東商渋沢ミュージアム」を開設するなど、さまざまな事業を行っています。

生誕一八〇年という記念日に当たる二〇二〇（令和二）年二月一三日には、三村明夫会頭が発起人となり、渋沢先生が関わった企業・団体や、ゆかりのある地方自治体の関係者など約三五〇名が参加して、『論語と算盤』の思想の普及や渋沢関連企業・団体間の連携強化を謳った「渋沢ネットワークフォーラム二〇二〇」を宣言しています。

安岡　ゆかりの企業が協働して『論語と算盤』の思想の普及に取り組まれるとは素晴らしいですね。

池田　すでに東商、出生地の深谷市や晩年を過ごした東京都北区の自治体や商工会議所は、氏の思想の普及啓発に取り組むため情報収集・発信やメディア誘致等に協働で取り組む包括連携協定も締結しています。安岡定子先生も、母校・二松学舎大学を通じて、渋沢先生とご縁がありますね。

安岡　そうですね。私は子どもの頃から本を読むことが好きで、いつの頃からか、将来は国語の先生になりたいと思っていました。高校生になると、中でも漢文が好きになり、大学受験を控えて、ある日ふと祖父に「大学で漢文を学びたい」と話しました。祖父の答えは明快でした。「それなら一流の先生が揃っている二松学舎しかないだろう」と。祖父にそう言われましたら、他の選択肢はなかったわけです（笑）。

池田　若い頃から漢文に興味を持たれたとは、やはり安岡正篤先生のご令孫ですね。どんな点に興味を持たれたのですか。

安岡　いろいろな方から「定子さんは何歳の頃から、おじいさまと素読をしていらしたのですか」と聞かれますが、残念ながらそのような機会は一度もありませんでした。祖父からは放任されていたことがかえってよかったと思っています。もともとは漢詩が好きでした。言葉の美しさ、漢文独特のリズムが心地よく、音楽のように流れていく面白さなどに魅かれました。

学生時代の私が渋沢先生について知っていることといえば、二松学舎の創立者・三島中洲先生と親しい間柄にあり、三代目の舎長をされたということぐらいでしたが、大人になってから『論語』に興味を持って勉強するようになると、どうしても母校と渋沢先生の関係に行き当たるんですね。

渋沢先生の『論語』に関する著書の中にしばしば「中洲先生の説によると」といった部分を見つけては、渋沢先生は中洲先生にどんなふうにお尋ねになったのだろうかと思いを巡らせていました。渋沢先生の有名な「道徳経済合一説」は、中洲先生の「義と利は分け

池田一義（いけだ・かずよし）

埼玉りそな銀行会長・埼玉県商工会議所連合会会長・さいたま商工会議所会頭
1957年東京都生まれ。明治大学商学部卒業後、1981年、埼玉銀行（現・埼玉りそな銀行）入行。2004年、りそなホールディングス執行役、2011年、りそな銀行取締役専務執行役員、2013年、埼玉りそな銀行副社長、2014年、同社社長を歴任後、20年より現職。その他、埼玉県商工会議所連合会会長、さいたま商工会議所会頭、日本商工会議所常議員等を務める。

て考えるべきではなく、利は義から生まれる結果である」という「義理合一論」に論拠を持つということも知りました。

そもそも渋沢先生は、世の中が繁栄すると、経済や産業や技術などに目が向けられがちだが、国語、漢文は決して失ってはいけないと考え、日本の教育の基盤に漢学教育を据え、卒業生に教員免許を提供するシステムまで築き上げ、養成機関としての二松学舎を作り上げたとうかがいました。西洋の産業が一気に流入するときにこそ、それを受け止める精神世界は、東洋の古典が根本になくてはならないというのが、渋沢先生のお考えでした。また、中洲先生が亡くなった後、高齢にもかかわらず三代目舎長を引き受けて、寄付金集めに奔走してくださいました。企業のトップが「また渋沢が寄付集めにやってきた！」と言ったというエピソードが残っています。

さらに、『論語』に親しんだ人が、それをどのように自分の拠《よ》り所《どころ》にして、どのように社会活動に活かしてきたのかという点に、私が注目するようになったきっかけが渋沢先生の存在です。このようなわけで、『論語』を勉強するようになってから、渋沢先生はより身近で、親しみを感じられる存在になりました。

大河ドラマなどで取り上げられると、関係の深い地域はすごく活性化するといわれますね。地元・埼玉県の皆さまも喜んでおられるのではないかと思いますが、実際のところ、いかがですか。

池田　おっしゃるとおりです。これほどのチャンスはそうあるものではないと大変期待しています。渋沢先生は、近代日本を代表する実業家であり、「日本資本主義の父」と呼ばれて、皆さん、名前はよくご存じだろうと思いますが、埼玉県深谷市、それもちょっとおどろおどろしい名前の血洗島という地域の生まれであるとか、実際、どのような生涯を送り、どのような考え方の持ち主で、私たちが生きている現代の日本社会にどのような影響を与えたのかというところまでは、あまり知られていないのではないかと思います。この機会をとらえて、全国の皆さんにさまざまな側面から、渋沢栄一先生の人となり、故郷である埼玉県に興味を持っていただきたいと考えています。

安岡　深谷市には、すでに立派な渋沢栄一記念館がありますが、大河ドラマ館もつくられ、数多くのイベントが企画されているのでしょうか。

池田　埼玉県は、今回のことが決まるずっと以前の二〇〇二（平成一四）年から、渋沢先生の生き方や功績を顕彰するとともに、その精神を今に受け継ぐ全国の企業経営者に渋沢栄一賞を贈っています。また、深谷市は、同市出身のドトールコーヒー鳥羽博道名誉会長の寄付金で渋沢栄一アンドロイドを二体制作しています。一体目はすでに完成し、見学者は渋沢栄一記念館で「道徳経済合一説」の講義を受けることができるんですよ（笑）。

安岡　渋沢先生に本当によく似ているそうですね（笑）。

池田　うり二つだと評判です（笑）。声も、ご本人の肉声を大量に発掘・分析・合成して忠実に再現しているそうです。さらに、渋沢ブームをこれまで以上にまちづくりに活用するため、二〇二〇（令和二）年一月に、市長をトップとする「大河ドラマ『青天を衝け』深谷市推進協議会」を立ち上げ、行政と関係団体が一体となって大河ドラマ館の運営や整備、内容の決定を担うほか、協議会内に産業振興部会を設置して、商品や回遊ルートの開発など具体的な取り組みの検討を行っていくとしています。

それ以外にも、深谷市と東京都北区が連携して大河ドラマ館をＰＲするため、二〇二一（令和三）年用広告付年賀はがきを発行したり、世界最大級といわれる旅行・観光業関連のイベント「ツーリズムＥＸＰＯジャパン」に埼玉県と深谷市が出展したりしてＰＲすると聞いています。うちの銀行でも、所蔵している渋沢先生が揮毫《きごう》された「道徳銀行」「利用厚生（人の力や財を用いて、社会全体の生活を豊かにすること）」「力行近乎仁（努力して仕事に励めば、素晴らしい人間に近づける）」「順理則裕（道理にしたがうことが繁栄につながる）」の四つの扁額《へんがく》を記念館などに出品して、皆さんに見ていただいたらどうだろうと、関係者と相談しているところです。

安岡　大河ドラマで取り上げられると、確かにその地域に注目が集まり、訪れる人が増え、経済的にも活性化しますが、ドラマが終わればまた元に戻ってしまって一過性のブームで終わってしまうケースが多いともいわれています。でも渋沢先生の場合は大変な業績がおありになり、現在の私たちが生きている社会、経済に脈々と受け継がれているので、多くの方に見ていただくことはとても意義のあることだと思います。

池田　新しい一万円札の発行時期は二〇二四（令和六）年度上半期なので、ちょうどタイミングよく話題をつないでいけるのではないかと思います。深谷市は、以前から渋沢栄一記念館を中心に、渋沢先生の生家や、富岡製糸場の設立に携わって初代所長となった、渋沢先生の従兄弟で最初の妻の兄の尾高惇忠《あつただ》の生家、渋沢先生がつくった日本煉瓦《れんが》製造株式会社など市内に残る渋沢栄一関連施設を「渋沢栄一翁と論語の里」と命名し、一日で散策できる観光コースとしてＰＲに努めています。定子先生も見学されたことがありますね。

安岡　ご案内いただいて、明治の殖産興業の足跡を興味深く見学いたしました。煉瓦もつくられていたというので、渋沢先生は、常に次に世の中で何が必要かを考えて次々事業を立ち上げていたんだなと感じました。徳川慶喜の弟、徳川昭武に随行してフランスに行き、全く異質な文化に触れたときの驚きや感激はすさまじかったと思います。渋沢先生は感性も非常に豊かだったのでしょう。その豊かな感性や感激性こそが実行力の源だったのだと思います。

安岡定子（やすおか・さだこ）

池田　倒幕派から一橋家家臣、さらに幕臣となり、パリに行くまではほんの五年ほどの間の出来事です。時代背景もありますが、燃えたぎる情熱と行動力、これはやはりすごかったと思います。パリ万博に行き、欧米先進国は日本とは全く違う。もちろん何もかもが違うわけですが、その大本は何だろうと、いろいろ調べていくと、日本は官が上で民が下だけれど、フランスではその関係がイコールである。その現実を見たとき、日本もこうならなくてはいけないと思った、その洞察力が、またすごいですね。

安岡　そして自ら官を退き民に下り、自身で一から実現していく実行力もすごい。そんな痛快な人物で、「日本資本主義の父」と称される方の史跡巡りですから、面白くないはずないですね。

池田　歴史的な意義は大いにあるのですが、多くの方々にとって観光的な魅力に富んでいるかというと、いささか地味ですけれどね（笑）。そうそう、日本人はランキングが好きなので、観光で訪れたい都道府県ランキングなんていうのもたくさんありますが、どれを見ても埼玉県の順位は限りなく下の方で人気がない。

安岡　そうなんですか。いろいろ魅力的なところもあると思いますが……。殖産興業の一大中心地としてものづくりが盛んですし、深谷ネギが有名なように農業も盛んなところなので、これまであまり観光産業に力を入れてこなかったのではないでしょうか。

池田　観光名所は結構あるんですよ。私が一経済人として見ると、埼玉は経済的に恵まれているので、風土として少しチャレンジ精神に欠けるところがあるのではないかと思います。戦後の高度成長期には、首都・東京に近いので企業立地の点でも恵まれていたし、ベッドタウンとして人口も流入するので、あくせくしなくても十分食べられる環境にあった。もちろんオイルショックをはじめ幾多の危機もありましたが、そういう中でも恵まれていた方だった。首都圏四二〇〇万人口のど真ん中に位置していますからね。そこが少し欲のなさに結びついているのではないかと感じます。

安岡　でも、渋沢先生のような変革者が出ているわけですから、必ずしもそういう面ばかりではないはずですね。

池田　だから正直なところ、燃えたぎる情熱の塊というか、ものすごい熱やエネルギーを持って多くの事業を成し遂げた渋沢先生のような方が出ていることに少しギャップを感じてもいます。やはり維新という時代背景が生んだのですかね。埼玉県の北部の地域を県北というのですが、大宮あたりまでの東京に近い地域に比べると、少し県民気質も異なり、多少、危機感があるかもしれません。県北地域の中でも、かつて富岡製糸場から寄居にかけては、横浜まで続く、いわゆるシルクロードだったので、今でこそその頃の様相はないかもしれませんが、安岡正篤先生が日本農士学校をつくられた嵐山のあたりは、明治時代は豊かな土地柄だったはずです。

安岡　渋沢先生の生家も、豪農とはいっても藍の製造・販売を生業《なりわい》とし、渋沢先生も子どもの頃からお父さまに従って原料となる藍葉を仕入れ、藍玉を背負って、群馬方面などかなり遠方まで行商をしていたということですね。商業によってお金を儲けるというまさに経済活動をしていたわけですね。そういった経験が、後に実業家に転じられ、銀行を設立し、次々と会社を立ち上げ、資本主義のシステムをつくっていく過程で活かされていたことは間違いないでしょう。

池田　確かに藍や養蚕は商業的な側面が強い産業です。そういった産業が盛んな地域は、商品経済が発達する土壌があったと思います。実際、銀行を例にとると、埼玉県では一八七八（明治一一）年に第八十五国立銀行が設立され、以来、一九四三（昭和一八）年七月に埼玉銀行が設立されるまで、延べ八〇行を超える銀行が設立されています。特に殖産興業の進展が著しかった一八九四（明治二七）年から一九〇一（明治三四）年には、五三行が新たに設立されています。

安岡　それだけたくさんの銀行ができたということは、お金が回っていたということでしょうか。

池田　確かにそれだけの資金需要があった。殖産興業が盛んに行われ、商品経済が盛んだったということですが、これは埼玉県だけではありません。一九〇二（明治三五）年の日本の地方銀行の数は、一八三六行に達していました。

埼玉りそな銀行のルーツ「道徳銀行」

安岡 その中の一つが、私も御社で拝見した、渋沢先生が「道徳銀行」の扁額を贈られた黒須銀行というわけですね。どのような経緯で「道徳銀行」と呼ばれるようになったのでしょう。

池田 黒須銀行は、現在の入間市で、前身の黒須相互組合の庶民の積立金を基に発足した銀行で、繁田《はんだ》醤油という醤油屋さんを営む繁田満義、発智《ほっち》庄平を中心とした地元の有力者によって創業されました。「道徳銀行」の扁額に添えられている説明書によると、繁田満義は、渋沢先生の従兄・尾高惇忠に「四書五経」などを学び、渋沢先生とも親しかった。繁田醤油の藍色の半纏《はんてん》を染めるための藍玉を渋沢家から買うなど、昔から商売上の付き合いもあったといわれています。そんな間柄だったので、渋沢先生は同行の株主となり、一九〇〇（明治三三）年から二年間、顧問を務めています。

なぜ「道徳銀行」と呼ばれ、渋沢先生は扁額を贈られたのか。それについては、われわれの先輩が当行の歴史を紐解いて、渋沢先生の次のような寄稿にたどり着いています。

「銀行というものは大抵は金持の機関で、中産以下の人々はこれを利用することが少ない。この黒須銀行は多数の労働者の零細な資金が土台となっていて、この意味に於いて道徳と経済の結晶ということができる。殊に銀行の目的が地方産業の開発にあり、当地方の金融機関として一般庶民の利用に資せんとするのであるから、私の主義とする経済と道徳との合一を実際に具現するものと言うことができる」

定子先生にもご覧いただいた「道徳銀行」の扁額左手には「大正癸丑十月　繁田君清囑青淵書」と書かれています。「繁田君」とは、当時黒須銀行の常務を務めていた繁田武平（満義の次男）、青淵とは渋沢先生の雅号、銀行創立一五周年を記念して贈られたものです。

安岡　地元の殖産興業に貢献する銀行として、渋沢先生のお墨付きを得たわけですね。

池田　実際、地域の基幹産業である製紙や繊維産業にも積極的に融資して業績を伸ばし、当時の入間郡内に三つの支店と一つの出張所を開設して、一時は県下第三位の銀行へと成長しました。一方、埼玉県だけでなく日本全体の問題だったのですが、資本金一〇万円以下といった小さい銀行が乱立し、景気の変動に大きく左右されるという弊害もありました。さらなる経済発展のためには経済基盤の安定した中核となる銀行の設立が望まれてもいたのです。政府は一八九六（明治二九）年に「銀行合併法」を成立させ、小銀行の乱立を防止し、銀行合同政策を打ち出しました。埼玉県でも、一九一八（大正七）年、当時の岡田忠彦知事が「埼玉中央銀行構想」を打ち出し、県内の銀行家、地主、議員らが発起人となって、資本金五〇〇万円の武州銀行が設立されます。

初代頭取は渋沢先生の従兄弟・尾高惇忠の次男の尾高次郎、二代目頭取は、富士製紙の社長などを務め、「日本の製紙王」と呼ばれた大川平三郎、尾高惇忠の妹の子どもで、若い頃は渋沢先生の書生を務めたりした渋沢先生の親戚です。

安岡　つまり「埼玉中央銀行構想」にも、渋沢先生が関わっていたということですか。

池田　そうですね。埼玉経済の将来を心配して、当時の岡田知事に対して銀行の統合を進言したといわれています。実際、第一次世界大戦後の戦後恐慌の影響で、黒須銀行は経営不振に陥り、一九二二（大正一一）年に、武州銀行と合併して消滅します。今、菅政権が地銀再編を促している。歴史は繰り返しているのかなと思います。

安岡　黒須銀行本店の建物は現在も残っているそうですね。

池田　本店営業所は、一九七七（昭和五二）年に、当時の埼玉銀行から敷地ごと入間市に寄贈して入間市指定有形文化財となり、年に数回特別公開日が設けられて見学いただけます。また、本店は、武州銀行豊岡支店として継承され、現在は埼玉りそな銀行入間支店になっています。本店営業所は木造の民家のようなものですが、当行にとっては、渋沢先生が揮毫された扁額、「道徳銀行」という経営理念と同様、当行の原点を象徴する大切な史跡です。

渋沢先生がお書きになったあの字を見ると、やはり背筋が伸びます。私の先輩方は皆さん、社長室に飾ったりしていたのですが、私は社長になったとき、せっかくだから皆さんに見てもらった方がいい、扁額を見て、自分が銀行員としてその言葉どおり仕事をしているか、自らを振り返る機会になり戒めにもなると考えて、あえて応接室に飾ることにしました。行員たちの研修のカリキュラムに『論語と算盤』を取り入れていますが、その中でも「道徳銀行」の扁額を見てもらう時間を設けています。

安岡　行員の方が自分の銀行の経営理念について理解を深め、外部のお客さまに貴行の経営方針に信頼や共感を持っていただくためにも、現物があるのとないのとでは大違いだと思います。

池田　渋沢先生と当行のご縁は、まだあります。埼玉銀行が後に合併する協和銀行のルーツの一つである東京貯蓄銀行は、第一銀行の貯蓄部門として渋沢先生らが出資して設立された銀行で、渋沢先生は初代の会長を務めているのです。

安岡　渋沢先生なくして埼玉りそな銀行の誕生はなかったということですか。

池田　そういうことです。余談ですが、黒須銀行が武州銀行との合併後、黒須銀行の設立者たちは広大な土地を提供されました。その土地の一部が現在の霞ヶ関カンツリー倶楽部です。クラブハウスの中のオーナーズルームには、発智さんはじめ皆さんの額が飾られています。そこで日米の首脳がプレーをするとは（笑）。

安岡 霞ヶ関カンツリー倶楽部は日本を代表するゴルフ場として全国的に有名ですが、よもや後にオリンピック会場になるということは、渋沢先生や黒須銀行設立者の方たちも夢にも思わなかったのではないでしょうか（笑）。

有事で存在感を示した商工会議所の原点

安岡 新型コロナウイルス感染症拡大により、世界中で大恐慌以来の経済危機といわれる状況下、埼玉県の商工会議所のトップとして改めて社会全体の利益についてお考えになる機会も多いのではないでしょうか。もっとも、現在は非常事態なので、平時とは優先順位が入れ替わっているかと思いますが……。

池田 おっしゃるとおりですね。二〇一九（令和元）年一一月に商工会議所に関わるようになって以来、商工会議所の本当の使命とは何だろうと自分なりに考えてみると、現状は本来の理想とはずいぶん違っているのではないかと感じました。しかし、それではどうすればいいか、その答えをなかなか見いだすことができなくて、ちょっともやもやしていたんです。

そもそも商工会議所が設立されたきっかけは、長い鎖国政策により欧米諸国に立ち遅れた国力を増強するために、富国強兵、殖産興業、文明開化を国策の中心に掲げていた明治政府が、外国貿易振興のための機関を必要とし、また、自主独立や貿易に関する不平等条約の改正に取り組む中で、諸外国から「日本には貿易の実際の担い手である商工業者が協議し、その意見を集約する仕組みがない。世論が許さないとの明治政府の主張には全く根拠がない」との反論を強く受けたことが発端となり、伊藤博文、大隈重信らが渋沢先生に商工業者の意見を集約する機関の設立について相談したことです。

その結果、一八七八（明治一一）年三月、現在の商工会議所の前身、東京商法会議所が設立され、渋沢先生が初代会頭に就任したと説明されています。

しかし、政府が渋沢先生に働きかけたとの説がある一方、パリ万国博覧会に随行して渡欧経験を持つ渋沢先生の方から、産業・貿易振興のためには、こういった機関が必要だからつくろう、と政府に働きかけたとの説もあり、私もちょっと調べてみたのですが、よくわからない。いずれにしても、産業の担い手である商工業者の意見を聞き、それを集約して政府に働きかけ、政策に反映させて産業を振興することが、商工会議所という組織の目的であることは間違いないわけです。
翻って現代を見ると、確かに日本商工会議所は、会員企業の意見を集約して政府への政策提言・要望活動、会員企業への経営支援、さまざまな調査や広報・啓発活動を行っていますが、私ども地域の会議所は、本源的な会議所の使命をきっちりと果たしているのだろうか、少し疑問に思っていました。ところが、二〇二〇（令和二）年に入って新型コロナウイルス対策が最重要課題になり、いわば非常事態に突入したことで、奇《く》しくも商工会議所の機能とやるべきことが見えてきたと感じることができました。

安岡　大変興味深いお話ですね。そもそも渋沢先生が精力的にお仕事をされた幕末・維新の時代は、現在と比較にならないほどの時代の大きな転換期、いわば有事。そういう時期だからこそ新しい事態に対応するための覚悟や決断力、実行力が求められた。今も同じような有事だからこそ、やるべきことや実現のための道筋が見えてきたということですか。

池田　いやいや、それほど大それた話ではありませんが……（笑）。まず、やるべきことは会員企業の事業継続のための資金繰り支援でした。中でも、突然、需要が消失してしまったので、とにかくお金が回るように、会議所独自の融資の速やかな実施、国の融資・給付金や自治体の制度融資を円滑に利用するための支援。まずはそこを一生懸命やりました。
たとえば、二〇二〇（令和二）年四月七日、一回目の緊急事態措置が実施されたタイミングで、われわれ県内経済六団体連名で、四月一五日に、大野元裕知事に対し、県内中小・小規模事業者に安心を与えるためにも、新型コロナウイルス感染症対応地方創生臨時交付金の活用を含め、緊急事態措置に協力する企業に対してインセンティブとなる県としての支援措置を早急に定め、迅速に発表してほしい、との緊急要望書を提出しました。それに対して、大野知事は、二日後には中小企業と業種別の組合団体に対する経済支援策を発表し、速やかに実行いただきました。

また、緊急事態宣言がそろそろ解除されそうだとの見通しがついてきた五月一八日、会員企業のさまざまな要望やニーズを集約して、県内経済三団体で、感染防止と経済の両立を目的に、県民や事業者が納得できる出口基準の設定、「新しい生活様式」を実践する全県的なムーブメントの醸成、県内の官民連携によるプラットフォームの設置などの提言を行いました。それに対して県は、「彩の国『新しい生活様式』安心宣言」を採択、宣言を活用する企業の認定を進めました。また県・国・経済団体などによる「強い経済の構築に向けた埼玉県戦略会議」を設置、約一カ月で、労働力の流動性、販路の拡大、サプライチェーンの維持・確保、業務継続計画、デジタル化推進を五つの柱とする具体的な施策をとりまとめ、実行しています。

これらの施策で、会員の意見を集約して行政に積極的に働きかけ、連携して行動するという本来の商工会議所の機能を少し発揮できたのではないかと感じています。もっとも目に見える成果が出るかどうかが肝心で、評価するのはまだ先のことですが……。

安岡　このような動きを見て、会議所の会員の方の反応はいかがですか。今後、こういう機能を強化したいとか、新たな行動を起こしてみようなどという意見は出ていますか。

池田　正直まだそこまではいっていない状況です。それぞれの企業はこの暴風雨の中を何とか抜け出そうと必死で、これを抜け出した後、どのような再生の道を描いていくかというところまで考える余裕がないところが多い。しかし、今は予算もついて、資金的にはサポートが効いていていいのですが、結果的に負債が増えているのでバランスシートは傷ついているのです。本当に大変なのはこの先なんですね。

二年後、三年後、日本経済が少なくともU字回復になっていればいいけれど、このままL字になったり、これまでのように低い成長が続くようだと、将来的に経営が困難な会社も多く出てくる可能性がある。バブル崩壊のときの二の舞いになりかねないわけです。だから、その前に何とかしないといけない。降りかかる火の粉を振り払いながら、同時に再生の道筋を準備しておかなければならないのです。

商工会議所には、経営指導員という役割の方々がいて、頑張っていただいているのですが、こんな話をしています。会議所の本来の役割は、今必要な薬を配ることだけではなく、薬が必要なくなるように体質を改善して健康な身体になれるよう支援すること。本当に大切なのは、次にこの会社をどのように変えていくのか。今までの商売が限界だというのであれば、それをどう変えていくのか、そのためにどんな新しい事業を立ち上げていくのか、そこまで踏み込んで一緒に考え、実行を支援するのでなければ、経営指導員の役割を果たしているとはいえないのではないか、と。

安岡　まさに孔子先生がおっしゃった「遠き慮《おもんぱか》り無ければ、必ず近き憂い有り」ではないですか。見通しを持って将来に向けて準備を整えられるかどうかが大切ですね。

池田　おっしゃるとおりです。銀行も、お客さまであるお取引先の経営課題をしっかり把握し、解決に導き、財務の健全化と競争力強化のお手伝いをしなければいけない時期なんですね。

ですから、キャッシュレス時代に新しい銀行券発行か、という議論はひとまず置いといて（笑）、今、渋沢先生に注目が集まっているのは天祐だと捉えた方がいい。日本商工会議所がこのタイミングを捉えて渋沢ネットワークをつくったことは時宜にかなっていると思います。せっかく渋沢先生が原点の組織なのですから、会議所全体で『論語と算盤』の思想を伝承する場、実践していく機関としての活動を進めていきたいと考えています。

安岡　長い歴史の中で、そういうふうに見直される時期は何度か訪れると思いますが、今まさにそのとき、千載一遇のチャンスと捉えて着実に実行し、根づいていくといいですね。

安岡正篤と日本農士学校

池田 二〇二〇（令和二）年は安岡正篤先生が設立された日本農士学校の創立九〇周年ですか。

安岡 日本農士学校の設立は一九三一（昭和六）年ですから、正確には二〇二一（令和三）年が九〇周年です。

池田 この時期に定子先生が郷学研修所・安岡正篤記念館の理事長になられるとは、絶妙なタイミングですね。おめでとうございます。

安岡 ありがとうございます。先代理事長の父・安岡正泰はじめ関係者は、すでにみな高齢ですので、微力ながら祖父・安岡正篤の思いや思想を継承していきたいと思っていますが、正直なところ徳川家康公ではありませんが、「荷が重い」です（笑）。

池田 現在は国立女性教育会館となっている東武東上線武蔵嵐山駅の近くの広大な敷地、あそこがすべて日本農士学校だったわけですね。

安岡 私が何年も前に一度財団の職員になったとき、最初に職員の方が国立女性教育会館の敷地中を案内してくださいました。建物はもちろんすべて新しいものになっていますが、ここに寄宿舎があり、ここが先生方のお部屋があったところ、この木は当時のまま残っています、などと説明してくださいました。初めて訪れたにもかかわらず、何だかとても懐かしい気持ちになったことをよく覚えています。

現在も小さいながら教育機関として、一九七四（昭和四九）年以来続いている郷土の先人に学び、貢献するという日本農士学校の原点を継承する一泊二日の「地方人材と郷学作興の研修会」はじめ、「親子論語素読教室」「易経」「小学」「漢詩」などの月例講座やさまざまな講演会などを開催しています。どの講座も、各分野の専門の講師をお招きして実施していますが、県内だけでなく、遠方から参加されている方も少なくないそうです。

地方で講演させていただくと、高齢の方が、「私は農士学校の○期生でした」と控室まで訪ねてきてくださることがあります。あのときに教えていただいたことが地元に帰ったときに全部役に立ちましたとか、先生の言葉で人生が変わりましたといったお話を聞かせてくださいます。中にはこの年になって安岡正篤先生のお身内の方にお会いできるとは思ってもいませんでしたと言って、私の手を握って泣いてしまわれる方もいらっしゃいます。こんな未熟者で申し訳ありませんという気持ちになってしまうのですけれど……。

でも、もう何十年も昔、青年時代のほんの数年間の経験だったにもかかわらず、こういった方々の人生にとって、農士学校で学んだ期間はそれほど濃密な時間だったということがひしひしと感じられ、とても豊かな気持ちにさせていただいています。その度に、これこそが祖父が本当にやりたかったことだったに違いないとの確信のようなものを持つことができましたし、その思いは確実に実を結んでいたのではないかとの実感も得られました。

池田 設立場所として埼玉県嵐山町のあの場所を選ばれたのは、やはり源頼朝を支え、幕府創業の功臣として武勇の誉れ高く、清廉潔白な人柄が伝えられて「坂東武士の鑑《かがみ》」と称された畠山重忠の館跡だったという理由もあったのでしょうか（笑）。

安岡 そう聞いています。農業をするためには、当然広大な土地が必要なので、一九三一（昭和六）年の設立と同時に、東京の郊外や埼玉県を中心に相当箇所、直接足を運んで用地を探したようです。嵐山を含め最終的に三つ程度の候補地が残っていたところ、祖父本人が埼玉の嵐山を選んだと聞きました。史料などにも、用地について、場所、地形、面積などと並べて由緒という項目があり、「鎌倉武士の花と謳《うた》われたる畠山重忠晩年の館跡」と書かれています（笑）。

池田 渋沢先生の出身地であることといい、安岡正篤先生が日本農士学校を設立されたことといい、埼玉というところは古典を学ぶ上で恵まれた土地柄だと思います。安岡正篤先生おっしゃるところの、「今まさに国難のとき」なので、定子先生にも一層がんばっていただきたいですね。そもそも日本農士学校が設立された一九三一（昭和六）年は、ちょうど昭和恐慌の大変厳しい時期で、特に全国の農村が疲弊していた頃でした。

安岡　そういった社会的な背景も影響していたと思います。農村が疲弊することは国力の基礎が落ちていくことだと考えたのではないでしょうか。農業を復活させようということだけでなく、もっと広い視野で日本全体のことを考え、いざとなれば農村が独立してもやっていけるだけの力をつけなければいけない、そのために必要なのは、やはり地域の核となる人材だ、それではそういった人材をどのように育成していけばいいか。そういうふうに考えたようです。

祖父は、日本農士学校を設立する前の一九二七（昭和二）年、東京都文京区に、全国から才能のある若者を募って全人教育を行うことを目的とした金鶏学院という私学校を設立しています。史料などを見ると、日本の将来を豊かにするためには、地方の農村に、農業で生計を立てながら、地域のリーダーとなる優秀な人材を育成する必要があるが、金鶏学院設立以来四年の間、そういった人材を育てるためには、どのような学問や教養を身につけさせるべきか、どのような鍛錬で精神を鍛えればいいかを研究し続けてきた。その志に多くの方々の賛同や賛助を得ることができたので、日本農士学校を設立すると書かれています。

そして一九三一（昭和六）年に設立されていますが、当初から日本全体を見渡して、中央で力を発揮するリーダーと、それぞれの地域で力を発揮するリーダーの両方が必要で、二本立てで育てていかなければならないと考えていたようです。

池田 学生はどのように選抜され、またどのようなカリキュラムで学んでいたのですか。

安岡 卒業後は地元に帰って活躍するリーダーとなることを目的として、いわゆる地方の豪農といわれる方々のご子息が、今でいう県知事のような立場の方から推薦状をもらって入学するというシステムです。午前中は東洋哲学、農業分野で大きな影響のあった方々の人物研究、歴史や現在の「公民」のような学科、農業全般にわたる知識、時事解説などのほか、古今東西の芸術家とその作品、お習字や武道、音楽など幅広い授業を受け、午後は実際の農作業や生産品加工などの実習を二年間学ぶ学校でした。

今考えても、とてもユニークな学校ですが、祖父のつくった金鶏学院、日本農士学校にはもう一つの特徴がありました。教える者と教わる者が生活を共にしながら人間形成をしていく「師弟同行」です。寄宿舎があり、もちろん先生方は生徒たちと寝食を共にして教育されたのですが、祖父はだんだん忙しくなり、なかなか思うに任せないこともあったようです。

池田 作家の吉川英治さんも農士学校で学んだことを書かれていますが、必ずしも篤農家の子息だけではなく、学校の理念に共感したいろいろな方が滞在したことも多かったのでしょうか。

安岡　吉川さんは、生徒たちと一緒に講義や農作業に参加されたりしながら、原稿を書いたりされていたようですが、評判を聞いて興味を持ち、ふらっと訪ねてきた若者がいたり、どんな条件の人でなければ受け入れないという規則の厳格な学校ではなかったみたいですね。場所が埼玉ですので、祖父本人は、頻繁に埼玉と東京を行き来していたようで、おそらく東京でもいろいろなところで、埼玉でこんな学校をやっていると話していたと思います。実際に学校で学ぶことを目的にする方だけでなく、興味を持って話を聞きたいと訪ねてこられる方、見学に来られる方、そういう方たちもたくさんいらしていたようです。

情熱をもって取り組んでいた農士学校だったので、終戦で続けられなくなったことはとてもショックだったようです。私の伯父や父などは、祖父が非常に落胆した姿を目の当たりにしたとよく話しておりました。ＧＨＱの占領政策で解散・財産没収となり、祖父も公職追放となります。

学校自体は、その後、財団法人日本農学校、埼玉県立興農研修所などの変遷を経て、一九六三（昭和三八）年に学校としての活動は終了することになります。祖父が現在の郷学研修所を設立したのは、一九七〇（昭和四五）年のことでした。

池田　全国師友協会を結成されるのは、それよりずっと以前のことですね。

安岡　戦後、公職追放から戻ってしばらくたった一九四九（昭和二四）年です。そこから祖父は「歴代総理のご意見番」とか「財界人の指南役」といったイメージが強くなっていくんですね。実際、そういう活動をしていくことになるのも事実です。

でも、後世あまり知られていませんが、そこに至る前に、若い青年たちを育てることこそ国家のためになると考え、実際、終戦前の二〇年近くをそこに心血を注いできた、それが祖父の言う、哲学や思想を、人材を育成するため、社会、国をよくするために活かす、いわば「活学」の原点だと私は思うのです。祖父とそんな話をしたことはありませんでしたが、亡くなるまで孫として二〇年以上、一緒に暮らしてきた私としては、そちらの方が祖父らしい、祖父にふさわしいとも思います。

古典に学んだ人物の生き方に学ぶ

池田　当行の古くからのお取引先の経営者にも、日本農士学校で学ばれた方がいらっしゃいます。公益を常に考え郷土愛に溢れ、埼玉県のために、という指針をお持ちでした。埼玉県公安委員長や埼玉県経営者協会の会長などを歴任され、数年前に亡くなられたのですが、お酒を召し上がると農士学校のお話をしてくださいました。素晴らしい経営者でした。
それから私がまだ三〇代で副支店長として熊谷支店に勤務していた頃、地元の経済界に農士学校ご出身者の方がいらして、支店長に誘われて、その方が主催されていた「四書五経」など中国古典を学ぶ勉強会に出ていました。安岡正篤先生のご著書もテキストとして読まされたのですが、とても難しかったことを覚えています（笑）。

安岡　皆さん、よくそんなお話をされますね。先日お目にかかった方も、上司に「課長になったんだから、このぐらい勉強してこい」って言われたので行ってはみたものの、難しくてさっぱりわかりませんでした、とおっしゃっていました（笑）。でも、池田会長は、祖父の著書もそうですが、古典に関する本を、よく読んでいらっしゃいますね。

池田　面白くて役に立つからです。最初に安岡正篤先生のことを知ったのは、社会人になってまだ日の浅かった頃に読んだ城山三郎さんの『「男の生き方」四〇選』や、雑誌「財界」編集長から評論家に転じた伊藤肇さんの『現代の帝王学』『人間的魅力の研究』といった本でした。特に伊藤肇さんの本には、安岡先生の言葉がいろいろ出てくるんですが、それをまた著名な歴史上の人物や経済人のエピソードにからめて説明したり、分類してみたり、実に面白く、またわかりやすく書かれていた。私にとっては、安岡先生の本に出てくる名言を理解するためのガイドのような、いつも手元に置いておきたい本です。

たとえば『人間的魅力の研究』では、安岡先生の「目先に捉われないで、出来るだけ長い目で見ること。物事の一面に捉われないで、出来るだけ多面的に、出来れば全面的に見ること。何事によらず枝葉末節に捉われず、根本的に考えること」の「思考の三原則」や佐藤一斎の『言志四録』、瀬島龍三、石坂泰三、土光敏夫、中山素平など名経営者の言動の根底に『論語』を中心としたさまざまな中国古典や、そこに書かれた言葉があることを学ばせてもらいました。余談ですが、石坂泰三さんは、晩年埼玉銀行の会長でした。

それ以降、安岡先生の本を読むようになり、『論語』はもちろん、『中庸』や『大学』など「四書五経」について書かれた本も少し読むようになりました。難しくてよくわからないところも多かったのですが、面白かったし、いろいろな場面で心の支えになりました。

安岡先生が、ご自身の心の持ち方の処方箋として作られたという「六中観《りくちゅうかん》」も、私は先生の著書『運命を創る』で拝見し、私の「心の処方箋」として折に触れて唱えています。

一　忙中閑あり
二　苦中楽あり
三　死中活あり
四　壺中天あり（『後漢書』）

五　意中人あり
六　腹中書あり

それから『照心語録』にある「自ら反《かえ》る」。この言葉も、いつも心中に置き、事の大小を問わず、常に自分事として捉え、自身の言動を振り返って至らなさを戒めなくてはいけないと心がけているつもりです。しかし、これがなかなか難しい（笑）。

安岡　それで、先ほど少しうかがった、日本農士学校の卒業生の方が主催されていた中国古典の勉強会の成果のほどはいかがだったのですか。

池田　いや、成果どころか、漢文のテキストでの勉強会なので、残念ながらよくわかりませんでした（笑）。私たちの世代は全く漢籍の素養がなく、現代語しか読んでこなかったので、漢文は本当に難しい。もちろん現在でも学んでいる人はいるわけですが、一世代前の日本人はみんなこういうものを読み、理解できていたことに、驚きを感じます。

それでも、われわれが若い頃は、先輩に漢籍の素養がある人がいて、われわれは直接教えてもらったり、「将来役に立つから勉強に行ってこい」と背中を押していただいたりする機会がありましたが、今の若い人たちには、そう言ってくれる先輩がいない。われわれの世代の責任でもありますが、いよいよ完全に途絶えてしまうのではないかという焦りはありますね。当時はまだ師友協会もありましたし……。全国師友協会は、安岡先生が亡くなられた一九八三（昭和五八）年にクローズされたのでしょうか。

安岡 はい。祖父は生前から、自分の仕事は誰かが後を継ぐような仕事ではない。自分一代限りだと言っていました。関西の財界の方々は、とくに熱心に活動されていたので、そのまま関西師友協会という形で残っていました。長い間、祖父の残した人間学の普及に尽力されてきましたが、二〇二一（令和三）年いよいよ閉会されることになったそうです。残念です。まだいくつか活動を続けている師友協会がありますが。

池田会長もおっしゃるように、それぞれが年齢を重ねて親になったり上司になったりして、若い世代にアドバイスしてあげたいと思ったとき、自分が若いときもう少し勉強しておけばよかったなと初めて気づくことの一つが、長い年月にわたり多くの世代間で共有し、受け継がれてきた古典の知恵だと思います。もちろん一から古典を勉強してみるという方法もありますが、いま渋沢先生が注目されているから、どんな人かちょっと調べてみようと本の一冊でも読んでみれば、必ず『論語』に出会えます。この方法なら比較的手軽に古典と出会うことができるのではないでしょうか。

自分で実際に古典を読んでみることは少しハードルが高いかもしれませんが、人物の評伝から入り、そこから古典に出会うという方法は、比較的手軽に楽しめる方法ではないかと思います。結果として、お気に入りの古典を見つけ、座右に置いて折に触れて読んでみて、迷いや悩みを解決する際のヒントとして役立ててもらえればいいのではないかと思うんですけれど。

池田　ありがたいヒントをいただきました。恥ずかしい話ですが、私は実は『論語』を読む前に井上靖の『孔子』を読みました。いきなり『論語』を読むのはハードルが高く感じられたので、孔子という人のプロフィールを知っておいた方がいいかなと思ったからです。

安岡　あの作品は面白いですね。私も一気に読みました。

池田　小説ですけれど、井上さんは何度も現地に足を運ばれて丁寧に取材をされ、史実を大切にしていることを感じましたし、孔子という人に人間的魅力や共感を持つことができました。おかげで『論語』を会話劇のように読むことができて親しみやすかった。そういう古典との出会いもありということですね。

安岡　とてもいい出会い方だと思います。

池田　渋沢先生に興味を持ったのも、城山三郎さんの『雄気堂々』が最初だったかもしれません。本当に痛快で、特に前半の幕末維新時代の血気盛んな若者の頃が大河ドラマでどのように描かれるのか、とても楽しみです。

逆境を支えた言葉の力

安岡　池田会長は、これまでに金融危機、りそなショックや改革などいくつもの困難な問題に取り組んでこられました。そういったとき、それまでに数々読まれてきた古典の言葉に支えられたご経験はありますか。

池田　二〇〇三（平成一五）年の経営危機で、当時、ピークで三兆一二八〇億円という巨額な公的資金を投入していただき再生を図りました。一五（平成二七）年に完済することができて、そのおかげで現在の私どもがあるわけですが、実は、りそなを立て直す上で非常に重要な役割を果たしてくださったのが、安岡先生に師事されたウシオ電機の創業者、牛尾治朗さんでした。当時、ＪＲ東日本副社長だった細谷英二さんに目を留め、再生のトップとしてりそなホールディングス会長に推挙してくださったのです。私も細谷さんの下で改革の薫陶を得た一人ですが、今でも、細谷さんというトップを得なければ、再生はここまでうまく進まなかったのではないかと思っています。

安岡　細谷会長は、就任を周囲より反対されたそうですし、当初は、ＪＲにいた人間に畑違いの銀行の改革ができるのかといぶかしがる向きもあったそうですが、さすがは牛尾会長、細谷会長という人物を見極めていらしたわけですね。また、改革の中身はとても厳しいもので、それまでの銀行の常識を覆すようなことも多くあったとうかがっています。

池田　細谷さんは、毎晩枕元に『論語』を置いて寝ていたとおっしゃっていましたが、言葉の力を持ったリーダーでした。あらゆる局面において、われわれに対するメッセージを自分の言葉で発する。しかもその一つ一つの厳しさの中に愛情と説得力がありました。

特に徹底的に教え込まれたのが、「われわれは銀行業ではない。金融サービス業だ」という言葉。銀行だから窓口を三時で閉めるのは当然、ＡＴＭでは簡単に引き出せるのに、窓口では印鑑や書類が必要など、これまでの銀行の常識を一から見直し、一つ一つ変えていきました。五時までの営業や全国の銀行に先駆けて二四時間、三六五日、お客さまの要望にお応えできるシステムづくりなどは改革の一つの成果です。

当時、私はりそなグループの秘書室長でしたが、改革の象徴として、社外取締役を中心とするガバナンス改革を行い、その事務局であるコーポレートガバナンス事務局という部署が新たに誕生すると、その責任者を任されました。以来、細谷さんが二〇一二（平成二四）年に病で倒れられるまでの約九年間、間近で接し、その指導力に学ぶことができたのは大きな財産だったと思っています。そうは言っても、厳しい局面に立たされることも多く、つらいことも少なくありませんでした。そういうときに私を支えてくれたのも、やはり言葉の力でした。特に折に触れて唱えては勇気をいただいたのは、曽国藩の「四耐四不訣」です。

冷に耐え、
苦に耐え、
煩に耐え、
閑に耐え、
激せず、
躁《さわ》がず、
競わず、
随《したが》わず、
もって大事を成すべし。

東京電力元会長の平岩外四さんが社長に就任されたとき、安岡先生から贈られたといわれ、平岩さんは毎日この言葉を鏡の前で唱えられていたという話は有名です。そう考えると、何か不思議なご縁を感じずにはいられません。

「利を見ては義を思う」とは

池田　今さらながらで恐縮ですが、定子先生に改めてうかがいたいのですけれど、『論語』のキーワード「仁」とは、どのようなものでしょうか。私の印象では、意味しているところが、すごく広く、曖昧で少しわかりにくい。だから『論語』の現代語訳や解釈もまちまちです。その中で、渋沢先生の解釈がすっきりとわかりやすいと感じるのは、自分がビジネスパーソンだからではないかとも思います。

安岡　私の恩師、漢文学者の田部井文雄先生は、孔子の言葉は学問の対象ではなく、所詮《しょせん》「人間模様」だ、とよくおっしゃっておられましたが、話す相手、場面、全体の文脈などの違いで意味合いもかなり違います。

池田　渋沢先生も、論語はもっとも欠点の少ない「教訓」と言っていますね。寛容とか、信頼とか、誠実とか、いろいろな言い方をする人がいるけれど、私はそれらをひとまとめにして人のあるべき姿、それが仁という言葉に集約されると思っているのですが……。

安岡　そういうふうに捉えれば『論語』は読みやすいと思います。田部井先生は、今池田会長がおっしゃったように、集合の図で表すと、一番外側の円が仁で、忠や恕《じょ》など、全部その中に入ると教えてくださいました。同時に、単純に仁という漢字を分解すると、「二人」になる。つまり仁は一人では発生しない。それを表すべき対象があること、つまり複数の人が存在して初めて発生するもの、実践するものだとおっしゃっていました。

たとえば、部下や後輩に仕事を教えるとき、まず一緒にやりながら教えた方がいいか、やらせてみながら必要に応じて脇でサポートした方がいいか、もっと別のやり方がいいか、それは仕事の内容、相手、場面などの違いによって適切な方法はすべて異なります。そういったことを互いに考え、双方が納得し、仕事が完成して初めて仁が成立するというふうにおっしゃいました。つまり、誠実さ、思いやり、知恵、礼儀、正しい見通しなど、そこで必要なことがすべて仁ということかと思います。

祖父がよく言っていました。「人間一人の能力なんて、そんなに差がありゃせんわ。だから努力や習慣が大事なんだ。人と一緒にやっていくとか、自分ができることがあったら、それを人に教えて育ててあげるとか、そういうつながりをつくることが大事だ」と。

池田　なるほど。素晴らしい解説をいただきました。それから「利を見ては義を思う」ですけどね。渋沢先生がやはりすごいなと思うのは、「片手に論語、片手に算盤」と言っているけれど、同時に「算盤の基礎を社会正義のための道徳の上に置かなければならない」とも言っていることです。

安岡　『論語講義』ですね。『論語』に出てくる義と利について、一般的には両方ないといけない、バランスをとるという解説が多いですが、渋沢先生は、義は公の利益、利は個人の利益と解釈し、義を公益と捉えているんですね。そして公益が先、個人の利益が後という順番で章句を訳されているところに特色があります。

池田　また『論語と算盤』で、「『論語』で商売はできないか、と考えた」と言っている。「『論語』の教訓に従って商売し、経済活動をしていくことができると思い至ったのである」。これもユニークですね。

安岡　欲望を制御するために『論語』という拠り所を持ち、それをもとに、自分が何か商売をやるときに、それから外れないようにセーブすると解釈する場合が多いですが、『論語』をそのまま商売に活かしていこうという発想がすごいですね。だから公のためになるかということが第一義で、次にそれはちゃんと道義にかなっているか。つまりその商売が道義にかなっていることが最も大切だけれど、利益を得るとき方法も道義にかなっていなければいけない。最後おまけのように、しかも自分の利益になるんだったらやる。さらに、自分の利益にならなくても公の利益になるならやりますと。

池田　経済的利益と公共の利益は両立させるべきであり、またできるはずだという考え方は、確かに古今東西、脈々とあるんですね。

資本主義の形成過程から言えば、マックス・ウェーバーの『プロテスタンティズムの倫理と資本主義の精神』や「フランクリンの一三徳」など、非常に厳しいプロテスタントの戒律のもとで仕事をすることが結果的に利益を生むという考え方があります。

また、私が大変お世話になっている「知識創造理論」の提唱者である野中郁次郎一橋大学名誉教授は、従前から、アリストテレスが『ニコマコス倫理学』の中で唱えている実践的な知を表すフロネシスに着目されている。フロネシスを持つリーダーをワイズリーダー（賢慮のリーダー）と呼び、ワイズリーダーが今求められていると提唱されていますが、ワイズリーダーとは、共通善のために、深い倫理観、歴史観、社会観、政治観、美的感覚に基づく判断力を発揮し、最善の行動を取る能力を持つリーダーと定義されています。

最近では、二〇一九（令和元）年九月、アメリカの大企業のＣＥＯ二〇〇人ほどが参加するビジネス・ロビー団体であるビジネス・ラウンドテーブルが、新しい「企業の目的に関する声明」を発表しました。この団体のこれまでの立ち位置は「企業は主に株主のために存在する」というものでしたが、今回の声明では、顧客に対する価値の提供、従業員への投資、サプライヤーとの公正で倫理的な取引の実施、地域社会への貢献、最後に株主に対する長期的な価値の創造を表明して、これまでの「株主第一主義」から逸脱し、多様なステークホルダーへのコミットへと舵を切った内容となったことが話題を呼びました。

こういった流れは、全世界的に注目される国連のＳＤＧｓ（持続可能な開発目標）にも大きく関わってくるわけですが、コロナもそうですけれど、地球環境、ボーダーレス社会、格差の拡大などさまざまな課題が浮き彫りになっている現代、これまでのやり方ではこういった問題は解決できないとの危機意識が高まり、経済活動においても資本主義修正の動きが起こってきているわけです。時代は大きな転換点に立っていて、さて、日本はどうするのか、そんな段階に入ってきていると思うのですが……。

安岡　若い世代の方ほど心配されています。私の論語塾にいらしているお子さん連れの若いご両親は、これからの時代がどんな時代になっていくか、それに備えるために、どんな力をつけてあげたらいいか、このままではいけないことはわかっているけれど、何をしたらいいかわからない。全てが手探り状態です。一方、大人向けの講座に通ってきている若いビジネスマンの方は、こういう時代だからこそ『論語』のような古典に触れる機会を持ててよかった、とおっしゃっていました。立場は異なっても、誰もが暗中模索状態と言えるでしょう。

池田　事業をやるとき、やはり「利を見ては義を思う」、必ずここを原点にしなければなりません。自分たちの利益だけではなく、義にかなっているか、道にかなったものであるかをよく考えなければならない。常にそれが実践できているかどうか、実際は難しいですが、自分の心の中にはそれを常に入れておかなければならないと思います。

最近は少なくなりましたが、業界内でアパート・マンションローンの争奪戦があったりしました。数年前、社員たちとタウンミーティングをやったとき、資産承継の事例でこんなことがありました。あるフィナンシャルコンサルタントが、ある顧客は今三棟のアパートを持っているが、これ以上負債を増やすと資産の節税効果が減少してしまうので、これ以上増やさない方がいいとアドバイスしたところ、その顧客のところに別の銀行がデベロッパーとタッグを組んで、金利を安くするので、もう一棟建てましょうとの提案を持ってきた。しかも以前の三棟のローンも全て借り換えてもらえれば、その分の金利も安くすると提案しているという。このままではうちの融資が丸ごと取られてしまいかねないが、どうアドバイスしたらいいか悩んでいる、というものでした。

これを阻止するために、こちらも金利を下げ、新しい融資も取りに行くのか、それともそれは顧客のためにならないから、それを伝えて撤退もやむなしとするか、ここは考えどころなんですね。私は、顧客にとっていいのはどちらなのかをはっきり伝えなさい、その上で顧客の判断が他行の提案を採用したいということなら、それはしかたがない、という話をしました。

一つの小さな事例ですが、同じようなことは日常茶飯事です。常に顧客の利益を第一に考えることが「義」であることは当然ですが、これをやり通すことは実はなかなか難しい。しかし、やはりそのとき上司は「よくやった、よく断った」と言わなければならない。支店長も支店の数字は気になるけれど、その上司に「よくやった」と言わなければいけない。経営者としても、その方向で全体を統制していかなければいけないのですが、実際はなかなか苦労が多いのです。

また、私どものグループは、業界内で早めに、災害時など真にやむを得ない場合を除き石炭火力に融資しないと宣言しました。将来や国際的動向を考えれば、現在の石炭火力はなくしていかなければならないことは明白です。それならグループ全体の指針として定め宣言しようと決めました。結果的には評価されましたが、このときも、日本は本当に石炭火力がなくなっても大丈夫なのか、現実的にお取引先などに影響がないかなど議論百出でした。

しかし、指針、哲学、最近はパーパス（purpose）と言いますが、事業の目的、企業の経営哲学をしっかり決めなければいけない。われわれの業界ではフィデューシャリー・デューティー（Fiduciary duty）という言葉がありますが、本来果たすべき義務は何か、たとえば顧客価値といった視点から判断しろ、数字のノルマなどで縛ってはいけないということです。世の中時的には、そういうものがなくなる時代背景でもあるので、ちょうどいいんですけれどもね。

安岡 でも、正しい原理原則に則って事業を行えば、それを正しい価値と理解するお客さまは必ずいるはずです。また、その方針を一貫して示し続ければ、お客さま側も選択する際、目先の利益に惑わされていないか、長期的な見通しに立って正しい判断をしているかと考える習慣がつき、いい事業者を選べるようになると思います。そういったことは提供側と顧客側の相乗効果で養われていくものだと思いますね。

日本再生のカギは若者にあり

池田 これから日本はどんどん変わっていかなければいけないのに、それを担っていく日本の若い世代は軸がないからひ弱だという意見があります。一方、『論語』に「後生畏《おそ》るべし」という言葉があるように、新しいことに挑戦し、それを乗りこなして、また新たなものをつくっていく若者の力を伸ばしていくべきだという意見もある。私は、日本はそこにこそ力を入れた方がいいと考えています。同時に、心の教育にも、もっと力を入れていくべきではないかとも思います。

安岡 二〇一五（平成二七）年にノーベル生理学・医学賞を受賞された大村智先生に初め

てお会いしたとき、出会ったいい言葉は全部ノートに書いている、『論語』にもたくさんいい言葉がありますねとおっしゃって、何冊ものノートを見せていただきました。ノーベル賞受賞後、講演依頼が急増したそうですが、特に大切にしているのは、若い研究者を対象に、ご自身の専門分野以外のお話をされることで、そこでは必ず冒頭で、『論語』の「恕」についてお話しされることにしている、と教えていただきました。

どんなに素晴らしい才能や技術があっても、恕の精神がないと科学者としては失格だ。なぜなら、何のために開発するのか、何のための研究かといえば、それは困った人を助けるため、世の中の役に立つため、研究はそこから出発しなければならないからだ。しかし、残念ながら、今恕と言っても、意味がわかる研究者の卵は皆無。長い年月を生き抜いてきた大事な言葉と若い頃から親しんでいるかいないかで、その後の成長ぶりは驚くほど違うとうかがって、「わが意を得たり」と、とても嬉しかったことを覚えています。

人間は弱い存在なので、その弱さを補うものが必要であり、その方法の一つが先人の知恵によって長い年月をかけて磨かれてきた古典を通じて、物事の原理原則を若いうちに心に沁み込ませておくことが重要だということですね。

池田　渋沢先生がおっしゃる「算盤の基礎を社会正義のための道徳の上に置かなければならない」、まさに「片手に古典、片手にＡＩ」ということですね。

安岡　そういう人が増えてくると、その人に影響を受ける人が増えてくる。誰に出会うかによって人生は大きく変わるし、それによって着実に社会も変わります。
　それでは、古典は先人からの贈り物、私たちはそこから何を学ぶべきか、という本日のお話し合いのテーマについて、最後に池田会長にまとめていただきたいと思います。

池田　なぜ、今渋沢先生や安岡先生に学ぶ必要があるかと言えば、現在は、ＶＵＣＡ（変動性 Volatility、不確実性 Uncertainty、複雑性 Complexity、曖昧性 Ambiguity）の時代といわれる先が全く見通せない時代だからです。

　そのとき、人間には心の支えになる確かな原理原則が必要です。いろいろなものがあると思いますが、ありがたいことに、われわれには、比較的手に届きやすい身近な存在として、今と比較にならない激動の時代を生き抜いた先輩方がいる。たとえば『論語』にまとめられた珠玉の言葉を語った孔子であり、『論語』を自らの心の軸として近代日本の資本主義のシステムをつくり上げた渋沢栄一先生であり、古典を実践する「活学」の思想で日本の若者やリーダーたちを育てた安岡正篤先生です。

　これら先人たちの言葉を、もう一度学んで心の糧とし、新しい挑戦へのきっかけとしてＣＸ（Corporate Transformation）やＤＸ（Digital Transformation）を進めていきましょう。そして国民の生活を豊かにし、世界の人々に優れたサービスや製品をお届けして、今や国際競争力三四位となってしまった日本の再生を実現させましょう。

　こんなところでしょうか（笑）。

安岡　しかし、日本は、どうしてこれほど駄目になってしまったのでしょうか。

池田　バブルの崩壊から三〇年、改革が必要だと言われながら、かつての成功体験にしがみついて政治も経済も本質的な改革に切り込めなかったことが、最大の要因だと思います。

　また、ソ連崩壊で世界のパラダイムが全く変わってしまったにもかかわらず、日本は長期間にわたりバブル崩壊の後始末に追われました。そうしているうちに世界はデジタル化、グローバル化への道を加速的に進んでいきましたが、日本は全く追いつくことができないどころか、どんどん引き離されていきました。結果として右肩下がりの時代が続き、自信を喪失、モチベーションも下がってしまったという結果になった。単純にご説明すると、こういうことではなかったかと思います。

　たまたま二〇一九（令和元）年、デジタル大国のエストニアに行ったとき、日本から政治家も役人も経済人もたくさん来るけれど、いったい日本はいつデジタル化できるのか、と言われました。

　また、これは多分に私自身の立ち位置からの提案ですが、中小企業の生産性を向上させ、付加価値を上げることが重要だと思います。有力な方法の一つがＤＸであることは、今さら言うまでもないでしょう。そしてその原資をつくるために、大企業には、是非サプライチェーン全体の付加価値、利益を上げるための取り組みをしてほしい。

コロナ禍でも顕著ですが、特に中小の製造業は、大企業への影響を和らげる緩衝材としての役割を求められ、生きるか死ぬかの状況に追い込まれる可能性がある。日本商工会議所では、大企業と中小企業が共に成長できる持続可能な関係を構築するパートナーシップ構築宣言を三村会頭のリーダーシップで進めています。まさに渋沢先生が実践された『論語』の「利を見ては義を思う」の精神の発揮のしどころだと思います。

私はこのへんで。それでは定子先生、締めをお願いいたします。

安岡　私は祖父の人生の晩年の二十数年しか一緒に住んでいませんが、感情が揺れるとか、激して何かを言う祖父の姿を一度も見たことがありませんでした。本当の胸の内をうかがい知ることはできませんでした。惑い、悲しみ、憤慨、あるいは感動や喜びなど、いろいろな感情があったと思いますけれど、表に出てくる表情や姿は、いつも一定で安定していたので、祖父はいつも安心感を与えてくれる存在でしたし、それは亡くなって四〇年近く経った今でも変わりません。

これまでのお話で何度も出てきましたが、渋沢先生は幕末維新の大きな変化を経験され、祖父の人生も戦争という大きな変化にのみ込まれました。二人の共通点はその中で大きな仕事をやり抜いたことですが、それでは二人のその姿勢はいったい何によってもたらされたのかといえば、これもまた共通していて、古典を心の拠り所、人生の規範にしていたことは明らかです。

彼らの生きた時代は、みんな子どもの頃から『論語』を学び、『論語』は、みんなで共有できる常識や道徳でしたが、今の私たちにとってはもはやそういう存在ではありません。それに触れたい、自分も学びたいと思えば、もちろん『論語』を手に取って読んでみる方法もありますが、すぐに実践できる方法は、古典に学んだ人物の生き方から学ぶということではないかと思います。まさに人物から学ぶということです。

池田会長のお話にもあったように、今私たちは渋沢先生や祖父が生きた時代と同様、大きな変化の真っただ中を生きています。渋沢先生を主人公とした大河ドラマも始まります。それをきっかけに渋沢先生の事績に触れ、『論語』に興味を持っていただければ、きっと心の安定を得ることができ、結果として間違った判断をすることも少なくなって、前向きな気持ちになれるのではないでしょうか。

あとがき

渋沢栄一と安岡正篤、共に東洋哲学を人生の指針として生きてきた人物です。二人の言葉に触れてみると、その生き方が今見直され、関心を持たれていることに納得ができます。皆さまはいかがだったでしょうか。

祖父は日頃より「人物から学ばんといかん」と言っていました。人物から学べとは、身を修めて社会で実践している人物を手本にしろ、ということだったのだと思います。人間学・人物学、そして活学の重要性を言いたかったのでしょう。

個人と社会の関わり合い方は多様化しています。このような世の中にあって原理原則に徹している『論語』は、まさに普遍のものです。どの時代を切り取っても、誰の人生にも、ピタリと当てはまる哲理です。だからこそ長年愛されてきたのです。『論語』の言葉に親しむことも大切ですが、『論語』によって人格を形成し、精神世界を築いてきた人物そのものから学ぶことを忘れてはいけないですね。

本書では、二人の人物を通して『論語』を味わってきました。皆さまの『論語』に対するイメージに何かしらの変化はあったでしょうか。本書をお読みくださったことがきっかけとなり、『論語』や渋沢栄一、さらには安岡正篤にも興味を持っていただけましたら、大変嬉しく思います。

本書出版に際しまして、ご尽力いただきました水無瀬尚さま、阿部佳代子さまに、心よりお礼申し上げます。

令和三年一月

公益財団法人 郷学研修所・安岡正篤記念館理事長　安岡定子

■主要な参考文献

『論語』金谷 治訳注　岩波文庫
『論語の講義』諸橋轍次　大修館書店
『新装版 仮名論語』伊與田 覺　特定非営利活動法人 論語普及会
『さまよえる孔子、よみがえる論語』竹内 実　朝日選書
『雨夜譚』渋沢栄一 長 幸男校注　岩波文庫
『論語講義（一）〜（七）』渋沢栄一　講談社学術文庫
『論語を活かす』渋沢栄一　明徳出版社
『現代語訳　論語と算盤』渋沢栄一　守屋 淳訳　ちくま新書
『渋沢栄一の「論語講義」』渋沢栄一　守屋 淳編訳　平凡社新書
『渋沢栄一「論語」の読み方』渋沢栄一　竹内 均編・解説　三笠書房
『新装版 論語の活学』安岡正篤　プレジデント社
『論語に学ぶ』安岡正篤　ＰＨＰ文庫
『活学としての東洋思想』安岡正篤　ＰＨＰ文庫
『青年の大成』安岡正篤　致知出版社
『安岡正篤と終戦の詔勅』関西師友協会編　ＰＨＰ研究所
『安岡正篤　人生の法則』平岩外四・林 繁之　致知出版社
『安岡正篤先生年譜』安岡正篤先生年譜編纂委員会　財団法人郷学研修所・安岡正篤記念館
『菅谷之荘七十年史』日本農士学校 郷学研修所 安岡正篤記念館創立記念事業実行委員会
財団法人郷学研修所・安岡正篤記念館
『素顔の安岡正篤』安岡定子　ＰＨＰ研究所
『心を育てるこども論語塾』安岡定子　田部井文雄　ポプラ社
『はじめての論語』安岡定子　講談社＋α新書
『実践・論語塾』安岡定子　ポプラ新書
『壁を乗り越える論語塾』安岡定子　ＰＨＰ研究所

著者略歴

安岡定子（やすおか・さだこ）
公益財団法人 郷学研修所・
安岡正篤記念館理事長

一九六〇年東京都生まれ。二松学舎大学文学部中国文学科卒業。陽明学者・安岡正篤の孫。

現在、「斯文会・湯島聖堂こども論語塾」「伝通院寺子屋論語塾」等、都内の講座以外に宮崎県都城市、京都府京都市、神奈川県鎌倉市など全国各地の定例講座は二〇講座以上に及び、幼い子どもたちやその保護者に『論語』を講義している。また企業やビジネスパーソン向けのセミナーや講演活動も行っている。

『新版 素顔の安岡正篤』『壁を乗り越える論語塾』（共にPHP研究所）、『心を育てるこども論語塾』田部井文雄共著『仕事と人生に効く成果を出す人の実践・論語塾』（共にポプラ社）、『はじめての論語』（講談社＋α新書）等、多数の著書がある。

渋沢栄一と安岡正篤で読み解く論語

二〇二一年二月二十二日　第一刷発行

著者　安岡定子
発行者　長坂嘉昭
発行所　株式会社プレジデント社
〒一〇二-八六四一 東京都千代田区平河町二-一六-一 平河町森タワー一三階
https://www.president.co.jp
電話　編集 〇三-三二三七-三七三二
販売 〇三-三二三七-三七三一

構成　水無瀬 尚
撮影　大沢尚芳
校正　株式会社ヴェリタ
編集　阿部佳代子
制作　関 結香
販売　桂木栄一　高橋徹　川井田美景　森田巌　末吉秀樹　神田泰宏　花坂稔
印刷・製本　凸版印刷株式会社

落丁・乱丁本はお取り替えいたします。

ISBN978-4-8334-2403-5 Printed in japan